U0889437

世图心理

博客：http://blog.sina.com.cn/bjwpcpsy
微博：http://weibo.com/wpcpsy

与梦对话

荣格的释梦法与积极想象

［美］罗伯特·约翰逊
（Robert Johnson）
著

杨惠
译

世界图书出版公司
北京·广州·上海·西安

图书在版编目（CIP）数据

与梦对话：荣格的释梦法与积极想象 /（美）罗伯特·约翰逊著；杨惠译. —北京：世界图书出版有限公司北京分公司，2021.9（2024.7 重印）
书名原文：Inner Work
ISBN 978-7-5192-8910-2

Ⅰ.①与… Ⅱ.①罗… ②杨… Ⅲ.①荣格（Jung, Carl Gustav 1875—1961）—精神分析—通俗读物 Ⅳ.①B84-065

中国版本图书馆CIP数据核字（2021）第181880号

书　　名　与梦对话：荣格的释梦法与积极想象
YU MENG DUIHUA

著　　者　［美］罗伯特·约翰逊（Robert Johnson）
译　　者　杨　惠
策划编辑　李晓庆
责任编辑　李晓庆
装帧设计　佟文弘

出版发行　世界图书出版有限公司北京分公司
地　　址　北京市东城区朝内大街137号
邮　　编　100010
电　　话　010-64038355（发行）　64037380（客服）　64033507（总编室）
网　　址　http://www.wpcbj.com.cn
邮　　箱　wpcbjst@vip.163.com
销　　售　新华书店
印　　刷　河北鑫彩博图印刷有限公司
开　　本　880mm × 1230mm　1/32
印　　张　9.75
字　　数　186千字
版　　次　2021年9月第1版
印　　次　2024年7月第2次印刷
版权登记　01-2014-6718
国际书号　ISBN 978-7-5192-8910-2
定　　价　59.80元

目录

第一部分　无意识及其语言 / 001

无意识与意识之间架起桥梁、沟通对话有两种自然的方式：一种是做梦；另一种是想象。这两种方式都是由心灵发展出来的、高度精练的交流途径，可以使无意识和意识层面相互对话，并且一同工作。

第一章　走进无意识 / 003

第二章　内在工作：发现无意识 / 021

第三章　另一个实相：梦的世界、想象的王国 / 029

第四章　原型和无意识 / 041

第五章　冲突和统一：信念 / 055

第二部分　释　梦 / 063

释梦的四个步骤是：1. 进行联想；2. 把梦中意象与内在动力联系起来；3. 解析；4. 进行仪式使梦变得更加具体。

第六章　走近释梦 / 065
第七章　四个步骤 / 077
第八章　第一步：联想 / 079
第九章　第二步：联结动力系统 / 099
第十章　第三步：解析 / 129
第十一章　第四步：举行仪式 / 143

第三部分　积极想象 / 189

积极想象的四个步骤是：1. 邀请无意识；2. 对话和体验；3. 增加价值观的道德元素；4. 用身体仪式使之更具体。

第十二章　定义及走近积极想象 / 191
第十三章　积极想象是神话之旅 / 213
第十四章　积极想象的四个步骤 / 223
第十五章　第一步：邀请无意识 / 231
第十六章　第二步：对话和体验 / 251
第十七章　第三步：加入道德限制 / 265
第十八章　第四步：举行仪式 / 275
第十九章　积极想象的阶段 / 281

第一部分

无意识及其语言

无意识与意识之间架起桥梁、沟通对话有两种自然的方式：一种是做梦；另一种是想象。这两种方式都是由心灵发展出来的、高度精练的交流途径，可以使无意识和意识层面相互对话，并且一同工作。

第一章　走进无意识

一天早上，一个女人和平常一样坐上她的汽车，开车前往几公里外的办公室。在路上，她的想象力开始创造一次伟大的冒险。她看到自己身处古代，是一位正经历着战争和十字军东征的淳朴女性。她化身为一名女英雄，依靠自己的力量和牺牲拯救了人民，并偶遇了一位高贵健壮的王子。这位王子深爱着她。

虽然她的意识已经完全被想象占据，但她还是能够驶过几条街道，在红绿灯前停下来，在每个转弯处正确地打出信号灯，并安全地到达了办公室的停车场。当她清醒过来时，她意识到自己完全不能记起自己是怎样开车来到办公室的。她回忆不起任何路口和转弯处。她吃惊地问自己："我怎么会不知不觉地开了这么远的距离？我脑子里在想些什么？我在做白日梦时谁在开车呢？"但是类似的事情以前也曾发生过，所以她暂时把它抛在一边，上楼来到自己的办公室。

她开始在办公桌前安排一天的工作，却被一位同事打断了。这位同事大发雷霆地冲进她的办公室，把她写的一份备忘录扔在桌上，怒气冲冲地表示，他对一些小细节不赞同。她感到很惊讶，因为对于这样的小问题，他的愤怒实在是太过了！他究竟怎么了？

与此同时，他听到自己大喊大叫，意识到自己太小题大做了。他感到很难为情，喃喃地说着道歉的话，然后转身离开。在自己的办公室里，他问自己："我究竟怎么了？我的怒气从何而来？我通常可不会为了小事而斤斤计较。我刚才真是太失态了！"他感到自己内心非常愤怒，虽然这种愤怒与同事的备忘录毫无关系，但这点芝麻小事却成了导火索。这种愤怒从何而来？他不得而知。

如果这两人有时间好好地思考，他们可能会意识到，这天早上，他们已经感受到了无意识在他们生活中的存在。在普通日常生活的潮起潮落中，我们体验着无意识对我们的影响和作用。

有时候，无意识和意识同时运作，当意识心集中在其他事情上时，无意识就会指挥我们进行驾驶。与前面例子中的女人一样，我们每个人都有过在几个街区内进行"无意识驾驶"的经历。如果意识停留在别处，短时间内，无意识就会接管我们正在做的事。它告诉我们红灯停、绿灯行，让我们按规矩办事，直到意识转回当下。这当然不是最安全的驾驶方式，但无意识的确为我们提供了一个出色、重要的内部援助系统。我们每个人都认为这个系统是理所当然的。

有时候，无意识会制造幻想。这个幻想充满了各种生动的象征性意象，它完全占据了我们的意识，并长期地吸引着我们的注意力。这个女人在上班路上幻想出的冒险、危机、英雄牺牲和爱情正是无意识侵入我们意识的最主要例证；无意识试图通过想象，运用富有感情色彩的意象这一象征语言来表达自己。

我们体验无意识的另一种方式是通过突如其来的情绪、莫名的喜悦或非理性的愤怒忽然侵入并控制了意识。洪水一般的感受对于意识来说毫无意义，因为它们并不由意识产生。我们在前面的例子中提到过的那个男人不能够解释自己为什么会生这么大的气。他问自己："我的怒气从何而来？"他觉得他的愤怒来自外部。他感到那时候"他不再是他自己"。然而，事实上这股不能控制的情绪的确来自他心中的某个部分，他内心深处的某个地方，而这个地方是他的意识看不到的。正因为这个地方的不可见性，我们才称它为"无意识"。

无意识的概念源于对人类日常生活简单的观察：我们的头脑中装有某种东西，但大多数时候，我们并不知道它的存在。我们有时会发现从某个不知道的地方骤然涌现出一段记忆、一段快乐的联想、一种理想、一种信仰。我们感到这些元素存在于我们心中的某个地方已经很久了——但它们在哪里呢？它们存在于未知的那一部分心理中，超出了意识的范畴。

无意识是一个神奇的世界，是由不可见的无意识能量、力量和智慧，以及不同的人格组成的宇宙。它比我们大多数人想象的范围更为宽广。它有一个完全独立的空间，与我们日复一日的日常生活相平行。无意识是我们许多想法、情感和行为的秘密源泉。正因为我们没有注意到它，它对我们的影响才可能更大。

当我们听到“无意识”这个词的时候，我们大多数人会对它产生一种直观的感受。我们把它和各种或大或小的经历联系起来，正是这些经历交织构成了我们的日常生活。我们所有人都有过不知不觉完成某件事的经历。那时我们的思想“正停留在别处”，然后我们会为我们做过的事感到吃惊。我们记得自己在谈话中被激怒，口不择言，言辞激烈，而之前我们并不知道我们会这样。

有时候，我们会大吃一惊：“它们从何而来？我之前并不知道我对此事的态度会如此过激。”随着对从无意识中流出的能量越来越敏感，我们不用问也会知道下列问题的答案：“我的哪一部分相信那样的事？为什么这个问题会引起我无意识如此强烈的反应？”

我们可以更近距离地观察了解这一事件。“困扰我”的是忽然入侵的一股无意识力量。如果我认为我已经不再是“我自己”，那是因为我没有意识到“我自己”中同样也包含着我的无意识。我们隐藏起来的这部分自己具有强烈的情绪，并希望表达出来。然而，除非我们学会进行内在工作，否则这部分自己会被我们的意识掩盖起来。

有时候，这些隐藏的人格令人难堪或者很激烈，所以当它们表现自己时，我们感到羞愧难当。另一些时候，我们会认识到一些自己从未意识到的长处和优秀品质。我们动用隐藏的资源，做一些我们通常不会做的事情，说话也比以前更清楚更机智，表现出以前我们不知道自己拥有的智慧，展示出一种我们不知道自己具备的慷慨和理解力。每一种情形中我们的反应都是震惊：“现在的我与以前所了解的自己不一样。我有许多品质——或好或坏——我以前从来不知道它们是我的一部分。”这些品质存在于无意识之中。在那里，它们“在视野之外，也在思想之外”。

我们所有人都不仅是我们感知到的“我”。我们的意识在任何特定的时间内只能聚焦于我们完整存在的有限部分。虽然我们努力地认识自己，但是无意识的能量系统太过巨大了，只有很小的一部分可以进入意识领域或在意识层面发挥作用。因此，我们不得不学习进入无意识的方法和接收无意识信息的方式。这是唯一可以了解我们未知部分的方法。

接近无意识——自觉或不自觉地

无意识通过象征语言呈现自己。我们不只能够在不自觉或强迫性的行为中看到我们的无意识。无意识与意识之间架起桥梁、沟通对话有两种自然的方式：一种是做梦；另一种是想象。这两种方式都是由心灵发展出来的、高度精练的交流途径，可以使无意识和意识层面相互对话，并且一同工作。

无意识发展出了一种特别的表达方式来运用梦和想象：这就是象征语言。我们很快将会看到，内在工作从根本上说是学习这种无意识象征语言的艺术。因此，我们大部分时间都将用来研究梦、想象以及对符号的使用。

无意识努力想与我们交流，却没能引起我们的注意。无意识在梦中源源不绝地浮出表面，但很少有人掌握了必要的信息来认真对待他们的梦，能够理解梦的语言。无意识的活动在想象的过程中也很明显：幻想不断地出现，像气泡一样飘荡在整个意识领域中，但我们几乎没有注意到；幻想的洪流时常出现在许多人心中，像河流一样沿着他们思维的边缘流动。当我们认为自己正在“思考”或我们正在“计划”时，其实更多的时候我们只是在做白日梦，迷失在幻想之中。几分钟之后，我们才又把自己拉回现实的情景中，面对手头的工作，真正地回到正与我们谈话的人的身边。

想要了解真正的自己，成为更完整的人，我们必须进入无意识，并与之交流。我们自己的很大一部分和我们性格中的诸多因素都包含在无意识中。只有通过接近无意识，我们才有机会成为清醒和完整的人。荣格已经让我们看到，通过接近无意识和学习其象征语言，我们可以过上更富足、更充实的生活。我们不再受无意识的支配，也不再不断地与之争战，相反，我们在生活中开始与无意识结为伙伴。

然而，大多数人都没有自觉地接近无意识。只有当遇到与无意识有关的麻烦时，他们才会意识到它的存在。我们现代人与内心世界的距离很遥远，大多数情况下我们只有面对心理困扰时才能与无意识不期而遇。比如，一个女人认为一切尽在她的掌握之中，但她可能同时发现自己非常沮丧。她既不能摆脱这种情绪，又不知道自己到底怎么了。或者，一个男人可能发现他实际的生活方式与他内心深藏的无意识理想存在着巨大的冲突，而他从来没有好好地审视过这些无意识理想。他感到筋疲力尽或焦虑不安，却不知道为什么。

当我们面对无法解决的莫名冲突时，当我们感知到看似不合理、原始或毁灭性的内心冲动时，当我们因为意识态度与本能自我（instinctual selves）意见不合而遭受神经症的折磨时——然后，我们才认识到无意识在我们的生活中扮演着重要的角色。我们需要面对它。

在历史上，正是通过这类“病理状态”，通过病人心理上所遭受的折磨——在这些病人中，意识层面和无意识层面的关系出了问题——荣格和弗洛伊德重新发现了无意识的存在。

荣格的无意识模式

荣格发现，无意识并不只是意识的附属物，它不仅是被遗忘的记忆或不愉快的情绪被压抑的地方。他假设出了一种无意识模式。荣格的这一假设非常重要，直到现在西方世界还是没能完全理解它的含义。荣格表示，无意识是一个创造性的源泉，意识心和每个个体的完整人格都是从中演化而来的。无意识提供的原始内容使得意识得以发展、成熟，我们所有潜在的品质也因此得到扩展。正是这一宝藏丰富了我们的优势和品质，否则我们将永远无法知道我们拥有它们。

荣格向我们指出，意识和无意识对我们的完整自性（total self）起着同等重要的作用。当两者失去平衡时，神经病和其他精神疾病就会出现。

意识的演化

荣格的工作和研究让他相信无意识是我们所有人类意识的真正源泉。它是我们某些人类能力的来源，如有序地思考、推理、感知和感受。无意识是人类本初的思维，是我们物种意识得以进化的原始母体，经过几百万年的发展之后才达到如今的程度和水平。每一种能力，我们运行着的意识的每一个特点，最初都包含在无意识之中，然后才找到方法从无意识上升到意识层面。

荣格详述了人类的意识能力的辉煌前景，以及意识的作用和意义。他看到自然界中有一种创造性的力量在运作——它是一个宇宙，经过极漫长的分娩才诞生这种被我们称为意识的稀有能力。经由人类，大自然巨大的无意识心灵慢慢地将它自己的一部分转化为意识。荣格相信，世间万物经过长时期的努力才将意识觉知带入世间，而人类扮演的角色是不断地推动其演化。

人类的意识从无意识的原始内容中发展而来。源源不断的无意识内容为它的成长提供了养料，而无意识也逐渐上升到意识层面，希望能够成就一个更完整、更有意识的人。无意识的内容必须不断地参与进来，直到意识最终体现出完整自性的整体性。

荣格相信，我们每一个“必死之人”都在这个演化过程中发挥着各自的作用。正如我们人类的集体意识能力是自无意识心理中演化而来的，我们每个人的意识能力也来自无意识。我们每个人必须在各自的生命过程中，重演人类种族进化的主要进程；我们每个人都必须成为一个个别的容器，承载着意识向前演进。

我们每个人都是一个微型宇宙，在其中，宇宙的进程得以实施。因此，我们所有人都参与到无意识内容通往意识层面的运动中。我们每个人也都参与到意识自我回到无意识的反向运动中，在母体——无意识诞生的地方——中与无意识的根源重新联结。

每个人的无意识之中都存在着原始的模式，一种“模板”。如果你愿意，意识心和整个功能性人格可以根据它来塑造——从诞生到漫长的心理成长，再到真正的内心成熟。这种模式，这种看不见的网格能量（latticework of energy），包含了所有的特质、所有的长处、错误、基本结构和组成完整心理存在的成分。

对我们大多数人而言，只有小部分原能量（raw energy）的宝藏被纳入了意识人格中。只有小部分原始的模板在意识层面得以实现。

个人内在的无意识模式就像修建一所大教堂的计划：最

初，当计划付诸实施时，我们只能看到大致的总体轮廓。一段时间之后，小部分实际的建造已经完成，足以让我们看到它最终将是怎样一件艺术品。随着时间的流逝，宏伟的建筑一砖一瓦地堆砌起来，不断增高，直到最后几块石头就位，收尾工作才得以完成。只有在这个时候这座建筑的宏伟景观才得以呈现。

同样，在人格的主要元素从无意识的潜力层面冒出头来，并在意识功能层面中实现之前，个体存在的真实深度和伟大不会完全显化出来。

我们每个人都在创造一种生活，建造一座大厦。每个人心中的计划和基本构造都建立在深层的无意识中。但是我们需要咨询无意识并与之合作，这样才能了悟我们心中具有的全部潜力。同时，我们不得不面对挑战和内心成长过程中常常会出现的痛苦的改变。

无意识中的自我

无意识是一种范围十分宽广的能量，比意识的范围要广得多。荣格将自我——意识——比作飘荡在无意识宽阔海洋中的一块软木。他同样把意识比作露出水面的冰山尖端。95%的冰山藏在了黑暗、冰冷的海水中。无意识，就像大部分冰山一样，是看不见的。但是它非常强大——如果不加重视，它的危险程度与水下冰山相当。许多人在与无意识发生冲突后沉陷，就像泰坦尼克号撞上冰山后下沉一样。

自我，在拉丁语中，仅仅指“我”。弗洛伊德和荣格把意识心称为“自我”，因为它是那个叫作“我”的心灵的一部分，也就是“自我意识”——觉知到它自己是一个存在，一种独立的、与众不同的能量域（field of energy）。当我们提及“我”的时候，我们指的仅仅是我们自己能够感知到的小部分。我们假设“我”只包括这一人格、这些特质、这些价值观和观点，因为它们浮在表面，在自我的视野范围之内，能够被意识到。这是对“我”狭隘的、极不准确的认识。

自我没有觉知到那个完整的“我”更大，内涵比自我更丰富，也没有意识到潜藏在无意识中的那部分心灵比意识更巨大，也更有力量。

虽然无意识内容真实地深藏在我们心中，但自我倾向于把无意识看作我们自己以外的存在。这就是我们会听到人们说诸如“我那样做的时候已经不再是我自己了”这类话的原因。当我们发现自己在做意料之外的事情时，它不符合我们的意识观念，所以我们说起它时就好像别人在做这件事，而不是我们自己。意识受到了惊吓，因为它假装无意识不在那里。因为完整的心灵比自我能够把握的内容更广阔、更复杂，所以我们总是感到这些意料之外的事好像来自外部，而不是内部。

在梦和神话中，意识通常用一座岛屿来象征。像生活在岛上的岛民一样，自我也建立起属于自己的小王国——井然有序的系统和关于现实的一系列的假设。我们的自我不知道在它们自己的小岛之外，在它们狭窄的视野范围之外，还存在着现实和真理的完整世界。它包含在无意识的巨大海洋中，而无意识是我们的自我无法感知的。

在这片看不见的能量海洋深处，巨大的力量正在运作。神秘的王国——以传说中的亚特兰蒂斯为象征——存在于深处，与我们日常生活的意识平行运行。另一些意识、另一些价值观、态度和观点的中心存在于这里，就好像大海中的另一些岛屿。它们等待着意识心的探照光束的发现和认同。

学习认识无意识不仅是为了解决我们的冲突或对付我们的神经症。我们在那里发现了新生、成长、力量和智慧的深层源泉。我们与演化中的性格之本源相联结；我们与能够带来完整自己的过程精诚合作；我们学着去挖掘能量和智慧的丰富宝藏，而它们正在内在等着我们。

无意识与内在生活

荣格把内在生活描述为我们所有人都会体验的秘密生活。

它昼夜不停，一直与我们看不见的、无意识的内在自我结伴而行。当人们的生活处于平衡状态时，意识与无意识能够和平共处。当它们在梦中、幻想中、仪式中和想象中相遇时，能量和信息便不断地在意识和无意识层面流动。

当今世界面临的灾难是完全地把意识从它无意识的根源中分隔开。与无意识之间所有形式的互动曾经滋养了我们的祖先。所有这些互动，梦、幻想、仪式和宗教体验大半已离我们而去，因为它们太过原始或迷信被现代思维抛弃。这样，在我们的骄傲和傲慢中，在我们未受质疑的信仰中。我们切断了与无意识本源和与我们自己最深部分的联系。

在现代西方社会，我们身处一个试图完全不承认内在生活也能生活下去的时代。我们假装无意识并不存在，也没有灵魂这一回事，好像我们只要全身心地投入外部物质世界中，就能过上充实的生活。我们试图用外部手段解决人生的所有问题——赚更多的钱、获得更大的权力、开始一段恋情，或者在物质世界中“成就某事”。但是我们惊奇地发现，内心世界是真实存在的，是我们不得不去面对的。

荣格观察到现代生活中的大多数神经症、分裂感、无意义感都源于自我与无意识的隔绝。作为一种意识存在，我们都会隐隐约约地感觉到我们弄丢的那部分自己，那曾经属于我们的一部分正在消失。

我们与无意识的隔绝代表着我们与灵魂的分离。它会导致我们宗教生活的丧失，因为我们是在无意识中找到我们对上帝的个人观点，体验到我们的神性的。宗教的功能——对意义及内在体验的与生俱来的需求——与其他的内在生活切断了。它只能通过需要我们关注的神经症、内心冲突和心理症状等形式强行回到我们的生活中。

几年前，我受邀在一所罗马天主教神学院举行演说。在最后一刻，一种淘气的冲动占据了我的内心，我把自己的演讲命名为“作为低级宗教体验的神经症”。这次演讲让广大会众极为震惊。问题像洪水一样迎面而来。我们激烈地争论着，我说话的音量从来没有这么高过。你看，这个主题戳中了人们的痛处。人们听到我说“如果你不理睬精神，精神会化装成神经症的模样来找你”，非常震惊。神经症，是我们这个时代心理学与宗教最直接、最实用的关联。

每个人都必须以这样或那样的方式过内在生活。不管是否自觉，也不管愿意与否，内心世界都会向我们提出要求，获得它应有的权利。如果我们有意识地想进入那个领域，内在工作——祈祷、冥想、释梦、仪式和积极想象——可以帮助我们。如果我们试图对内心世界置之不理，正如我们大多数人所做的那样，无意识会通过病变，想方设法进入我们的生活：我们可能会出现身心失调，患上强迫症、抑郁症和恐惧症。

个性化过程

个性化是荣格使用的一个术语，用来指成为我们与生俱来的完整的人的过程，这个过程将贯穿人的一生。个性化是我们对完整自性的认识，让我们的意识人格得到发展，直到它们包含我们每个人在前意识层面中所固有的所有基本元素。这就是我们之前提到过的“对模板的实现”。

为什么我们将它称为“个性化”？因为这是某人实践自身，使自己变得更完整的过程，这一过程揭露出他特别的、个别化的构造。它显示了普遍的人类特质和发展潜力是怎样与每一个体相结合的。每种方式都是独一无二的。

荣格强调心理构造的唯一性。因此，他这样命名这个过程并非偶然；这反映出他坚信一个人越是直面无意识，并将无意识内容与意识内容相整合，这个人就越有可能获得他自己独一无二的个性意识。

同时，个性化并不意味着要远离人类。只要我们成为更安全、更完整的个体，自然能找出与其他人众多的相似点——价值观、兴趣和基本的人类品质。它们把我们紧紧联系在一起，成为人类。如果更仔细地察看，我们会看到个性存在于这种特殊方式中：将普遍的心理模式和所有人类共有的能量系统联合在一起。荣格把这些模式称为原型。

因为原型具有普遍性，所以它们存在于每个人的无意识中。但是它们任意地排列组合，千变万化，因此它们所制造的人类心灵也全然不同。我们可以将它们与人类身体做比较。从某种程度上说，我们所有人的身体是相似的。我们都有一双手臂、两条腿，也都有心脏、肝脏和皮肤。它们是人类的普遍特征。然而，如果我拿自己的身体与其他人的做比较，则发现没有两个人的身体是完全相同的。

同样，人类普遍的心理能量和能力在我们每个人身上也以不同的方式联合在一起。每个人的心理结构都是不同的。只有活出那种与生俱来的结构，一个人才能明白作为一个个体的意义。

在进行个性化的过程中，我们可以看到，来自我们自身的观点和价值与我们从周围世界获取的社会观点是不同的。我们不仅是社会和他人的附属物；我们知道我们拥有自己的价值观，自己的生活方式。它们源于我们与生俱来的天性之中，自然而然地发展着。

巨大的安全感源于这个个性化过程。一个人会明白他不必努力变得与其他人一样，因为做自己才能真正地脚踏实地地活着。我们了悟到，完全地了解自己，发展我们所有的固有才能是贯穿一生的任务。我们不必模仿他人的生活。我们也没有必要再自吹自擂，因为我们所拥有的已经很多了，远远地超出了我们的期望。

第二章　内在工作：发现无意识

本书的目的在于为你的内在工作提供一种既实用又循序渐进的方法。具体地说，你将找到一种方法，并分四个步骤来进行释梦和积极想象的工作。作为探索的一部分，我们也将提及仪式和幻想的运用，它们都是进入无意识的途径。

我之所以把这些技术称为“内在工作”，是因为它们是进入无意识这一内心世界直接而有效的方法。我们通过内在工作来觉知意识的深层，完成完整自性的整合。

鉴于我们所面临的理论层面的复杂性，找出一种实用的方法是必要的。虽然我们所有人都接触过一些心理学理论，但很少有人确切地知道应该怎样着手进行释梦和了解无意识。我们通常从理论层面出发，并停留在这一层面，不能将它们具体化，直接地了解内在自我。

就心灵世界而言，构建意识的是你的实际行动，而不是你的理论观点。无论我们了解多少相关的心理学理论，只有当我们进入自己的梦境并真正地找出它们的象征意义时，我们通常才会了解真实的自己并认识到我们生命的意义。

内在工作的重点是建立意识。通过对自己内在工作的学习，你可以看到你人生中出现的冲突和挑战。你能够了解自己无意识的潜在深度，发现那些等着被发掘的力量和资源。

实际上，所有能够使我们的思维通往无意识信息的冥想形式都可以被称为“内在工作”。人类已经发展出各种各样的方法通往内心世界。不同的方法适用于不同的历史阶段、文化、宗教或就“我们与精神的关系”而言的不同观点。瑜伽的冥想、佛教中的坐禅、基督教中的静观祈祷，托马斯·肯比斯（Thomas Kempis）和伊格内修斯·罗耀拉（Ignatius Loyola）进行的效法基督的冥想，伊斯兰教的冥想和儒家的道德冥想便是其中一些例子。

荣格观察到，澳大利亚土著人把醒着的三分之二时间用来进行某种形式的内在工作。他们举行宗教仪式，讨论和解析自己的梦境，探索精神世界，“过丛林流浪生活”。所有这些不懈的努力都奉献给了内在生活，都用于了解梦境、图腾和精神——也就是说，都用于与无意识相接触。我们现代人却很少有人愿意在一周内抽出几个小时深入内心世界。因此，尽管我们掌握了先进的科技，但我们对自己灵魂的了解却比所谓的原始人更少。

但是，我们和土著人之间还存在着另一种基本的差别。他们坚持古老的崇拜方式和接近内心世界的方法。当他们想要进入精神世界时，他们用既定的方法来探索精神世界、了解梦境和幻想；他们用既定的方法在魔法阵和神坛上遭遇诸神。对我们来说，大部分古老的方法都销声匿迹了。那些想要再次学习进入梦幻世界，与诸神进行交流的人，不得不重新学习进入自己的梦境，学着再次点燃来自无意识能量的古老火焰，学着唤醒久违的部落记忆。我们不得不像卡尔·荣格一样求助于一位当代的萨满，从而找到通往灵魂的方法。对现代心灵来说，这样做是有意义的。

我们即将探索的内在工作形式以荣格的学说和观察为基础。当然，释梦源自荣格对梦的分析。它涉及解读梦境中的象征语言。积极想象是运用想象的巨大力量来发展意识和无意识工作的一种特殊方法。这种方法由来已久，荣格将它转化为可以为当代人所用的一种技术。

积极想象与当下某些“形象化”技术不同。在这些形象化技术中，人们的头脑中已经有了一个想象目标。积极想象没有脚本，它与无意识的关系完全不同，这种关系扎根于对无意识的实相和力量的认识中。在积极想象中，你深入到你的无意识中去发现这里的奥秘，了解它对意识产生的必然影响。无意识并不受制于人，不会迎合意识的需求，它是与意识进行对话的平等伙伴。这种对话可以让人变得更加成熟。

许多人知道无意识通过梦与意识进行沟通。许多人也学习过释梦的相关理论。但是，当我们试图为自己解梦时，大多数人却变得无能为力。发生在人们身上的情况大致相同：我醒来时梦境栩栩如生；我决定尝试“自己释梦”；我忠实地把梦中的情境写在笔记本上；我坐下来“释梦”；忽然之间，我的脑海中一片空白；我问自己：“我应该怎么做呢？我应该从何入手？”我盯着笔记本；这个梦看起来似乎既是清晰明白的又全无意义。

有时候，我们试着对梦中的意象展开联想，但我们很快就失去了耐心。我们发现自己没有抓住要领。我们决定改日再战，但是到了那时，我们又有其他事情需要去做了。

早在工作之初我就发现无论是我的病人还是朋友都会遇到这样的问题。不知何故，无论我们读了多少关于梦的象征意义的理论著作，当我们开始实践，直接为自己释梦时，还是会卡住。人们来到咨询室，手上的笔记本中写满了各种各样的梦。当我问他们从梦中了解到什么的时候，他们会说：“我不明白这个梦。当我来这里做咨询时，我可以从我的梦中发现很多。但是，我自己坐下来释梦时，却什么也看不明白了。我不知道应该从哪里入手。”

不知怎样着手分析自己的梦并不只是非专业人员才会面临

的问题，大多数心理医生也会遇到类似的麻烦。当我为病人释梦时，我可能会很活跃，但我为自己释梦时，我就会短路。这也正常，因为每个梦传达的信息都不为做梦者的意识所了解。因此，释梦的确很费神，我们需要发展更多的能力才能抓住梦的含义。如果释梦轻而易举地就完成了，这很可能表示你的分析不够精确或深入。

为了满足实践的需要，我开始发展释梦的四步方法，你会在本书中看到这种方法。我的目的是给打算自己释梦的人提供一种方法。大多数人都需要学习进入自己的梦和无意识的方法。然而，为了达到这一目的，我们需要采用一种实用的方法来开始：一系列与身体及心智相关的步骤。这些步骤能让我们走进梦境，将梦分解成象征，并找到这些象征对我们的意义。

我和我的病人发展出这种四步法已有好几年了。我观察到，如果人们能一丝不苟地运用这种方法，大多数人都可以理解他们梦的实质，并能相当准确地释梦。他们找到了梦的精髓或主要能量，这一点至关重要。

过分的迷信理论是释梦的最大障碍：

理所当然地，一个医生必须熟练掌握所谓的“方法”。但是，他必须避免沉迷于任何一种特定的、常规的方法中。一般而言，一个人必须提防理论假设……据我看来，当为个体释梦时，只有他自己的理解才会有用。我们需要对不同的病人说不同的话。在一次分析中，我也许会使用阿德勒的理论，而在另一次分析中，我可能会用到弗洛伊德的。（Jung，*Memories*，*Dreams*，*Reflections*，p.131）

根据荣格的话，我鼓起勇气告诉我的病人不要盲目地相信抽象的概念，要相信你自己的无意识、你自己的梦。如果你可以从你的梦中学习，那么就去解析它们。接受你梦中的象征，把它们当作你日常生活中的真实伙伴。你会发现，如果你果真这样做了，它们确实会成为你内心世界的伙伴。

分析和家庭作业

如果你正在接受正规的咨询，本书并不打算代替你的分析师的帮助和引导。但是我希望本书能帮助你完成家庭作业。你应当与分析师讨论在这本书中学习到的方法，然后根据他的建议运用这些技术。

如果人们能逐日完成家庭作业，并把经过分析和部分“消化”的梦、幻想内容和积极想象呈现给治疗师，分析的效果会更好。咨询时间可以用来对已经做过的工作进行完善和扩展。这样，分析师就能最有效地利用病人的时间，并帮助病人取得更快的进步。

没有分析师的操作

如果你没有分析师，你也许会怀疑自己释梦或自行运用其他的内在工作技术到底对不对。我相信你这样做是安全的，而且你将从这些方法中受益。但是有一个小条件：你必须采取预防措施。

书中有些章节会给出一些避免出现问题的警告和建议。一定要认真地对待和遵守这些原则。你必须明白，当你进入无意识时，你面对的是人类最强大且最不受外力控制的力量。内在工作的技术是为了调动无意识的巨大力量，但在某种程度上，这就像掀开了喷泉的盖子：你一不留神就会失控。如果你不严肃地对待这一过程，或者是只想玩玩了事，你就可能伤害自己。

你需要特别留意积极想象。如果你的身边没有熟悉这种技术的人，那种知道在你面对内心世界不知所措时怎样把你拉回现实的人，你就不能使用这种方法。如果我们遵循这些规则并运用自己的常识，积极想象就是安全的；但也有可能我们走得太深，感到自己好像已经深陷无意识之中。帮助你的人可以是分析师，也可以是一位专业人士，但他需要有一些处理积极想象的经验。重点是当事情超出了你的忍耐限度时，你有这样一位朋友。

没有什么可以成为你进行内在工作的阻碍。我们谈论的只是一种普遍规律：如果力量被误用，那么任何一种好的力量都会具有破坏性。如果我们想与内心世界强大的力量朝夕相处，那么我们必须对它们心怀敬畏。

第三章　另一个实相：梦的世界、想象的王国

我们的言语模式暴露了我们许多的无意识想法。如果有人与一位朋友谈起他的一个梦，这位朋友很可能会提出这样的问题：“那个情节真的发生过吗，还是仅仅出现在梦中？”这句话暗示梦中发生的事不是“真实的”。实际上，更准确的问法是：“它是发生在梦的实相中，还是实际的现实中？是在梦中的世界中，还是在平常的世界中？”

两者都是真实的世界，两者都是真实存在的实相。但是，如果我们有所察觉的话，梦的世界比起外部事件对我们生活的影响更实际、更具体。因为在梦的世界中，无意识是其强大的动力。在梦中，各种伟大的力量互相交战，或联合起来，“生产出”态度、理想、信念和推动力。它们是我们大多数行为的动机。

一旦我们对梦变得敏感，我们就会发现梦中的每一个动力

都能在实际生活中显化自身——在我们的行动中、关系中、决定中、自动的例行活动中、冲动和情感中。我们相信自己正有意识地控制着这些生命元素。但是这种信念只不过是自我控制的幻觉。我们的这些人生观实际上由更深层的原因决定。在梦的世界中，它们的根源以一种我们能够看到和理解的方式呈现出来。

梦是无意识的表达。梦是不断排列组合的马赛克，由象征组成，表达出无意识中的运动、冲突、相互作用和巨大能量系统的发展。

无意识拥有一种特殊的能力，它能够制造意象，并把这些意象当成象征使用。正是这些象征组成了我们的梦，创造了无意识与意识沟通的语言。

正如燃烧的烈火一定会释放出能量，无意识天生就会创造象征。这仅仅是无意识的天性。当我们学会解读这些象征时，我们便拥有了感知无意识在我们之内运作的能力。制造象征的能力不仅影响着我们的梦：从无意识中流出的象征性意象滋养着我们每个人的生命。

无意识的象征性意象是所有人类精神得以实现的创造性源泉。不仅意识及其对世界做哲学理解的概念起源于象征，宗教、仪式和祭礼，艺术和习俗也源于此。因为无意识象征的形成过程是人类精神的源头，所以语言——其历史与人类意识的产生和发展大同小异——总是作为一种象征语言开始出现的。因此，荣格写道：“一种原型内容，首先和最重要的，是在隐喻中表现其自身。”（Neumann，*Great Mother*，p.17）

无意识的意象象征主要通过两种路径通往意识层面：梦和想象。抓住梦的象征性特征更为容易，因为梦中常常出现神秘的生物和不切实际的情景，而这些生物和情景在日常现实生活中是不可能出现的。人们常常对梦中的意象疑惑不解，直到他们了解到这些意象都是象征性的，不能按字面意义来理解。

因为按照平常的理解，梦中的意象毫无意义，所以人们误以为它们“怪诞”或者没有意义，但实际上，梦是合乎逻辑的。如果我们肯花时间学习它们的表达方式，就会发现每个梦都是象征性沟通的杰作。无意识用象征来说话，并不是为了迷惑我们，而仅仅是因为它天性如此。

我不能认同……梦是一个“表面现象”，在其背后隐藏着意义——换句话说，这种意义是已知的，但是被意识蓄意地抑制了。对我来说，梦是天性的一部分，它不但无意欺骗，还尽力表达，正如植物尽力生长或动物全力觅食一样。同样，这些生命形式无意于欺骗我们的眼睛，但是我们也许会自欺欺人，因为我们目光短浅。在遇到弗洛伊德很久之前，我就把无意识和梦——梦是无意识的直接产物——看作自然的过程，这个过程不是任意的，最重要的是，它不是障眼法。（Jung，*Memories*，*Dreams*，*Reflections*，p.161）

我们可以把梦比作一个屏幕，无意识将它的内在活动投射到这个屏幕上。我们看到各种各样的内在人格极大地造就了我们的整体性格，各种力量之间的动力组成了无意识。这些看不见的力量和其活动发出指令，可以说，是它们被传输到了屏幕上。它们化作意象。梦中意象的相互作用把这些于内在发生作用的内部动力真实地呈现在我们面前。

如果想要学会理解这些意象，我们要认识到不能从字面上理解它们的含义，这是我们的理论出发点。我们要学着找寻一种态度、一种内在的人格，一种内心的发展或冲突，它们会为自己穿上意象的衣服，涂上颜色，这样，我们就能在梦的世界中看到它了。

想象和象征

我们之前曾经提到过梦是与无意识进行沟通的两大途径之一，另一种则是想象。

刚开始人们听说想象是相互沟通的一种机制时，许多人都感到疑惑不解，因为它运用了一种高度精练、复杂的象征语言来表达无意识的内容。然而，事实的确如此：如果我们学着用实际的眼光来观察它，会发现想象是真实的能量流和有意义的意象，大多时候它们从无意识中流淌而出。

我们可以画出两条从无意识通往意识的渠道。第一条是梦；第二条就是想象。梦与想象有一个特别的共通之处：它们都能够把不可见的各种无意识形式转化为可以被意识看到的意象。这就是为什么有时候我们会觉得梦好像是睡着时的想象，而想象是我们醒着时梦在我们心中的流动。

正如无意识在晚上释放出能量，在梦的屏幕上创造影像一样，无意识也会在我们醒着时发挥作用。它源源不断地释放出能量脉冲，这些脉冲找到自己的方式进入意识中。它们可以是感受、情绪，而大多数时候，它们是出现在想象中的意象。和梦一样，这些意象的象征意义是可以被想要了解它们的人理解的。

在想象中流动的内容形式多样，它们可能微不足道，也可能不切实际。处于最底端的是被动幻想：这是一种奇妙的白日梦，它在白天某个奇怪的时候出现在人们的头脑中，有时候会让我们在很长一段时间内注意力涣散。这些幻想只供娱乐或会让人分心，不会给意识增加任何东西。

它的最高层次是异象体验（visionary experience），在这种体验中积极想象和宗教体验融合在一起。积极想象是建设性地运用想象来接近无意识的方法之一；也有许多其他方法，包括各种形式的冥想。

20世纪的文化对想象有着巨大的集体偏见。这反映在人们这样的话语中："你只是在想象。"或"这只是你的幻想，不是现实。"

事实上，没有人能在想象中"凭空捏造"。想象中出现的内容都源于无意识。严格地说，想象是无意识内容流向意识的通道。更准确地说，想象是转换器，它把看不见的内容变成意象，这样就能被意识察觉。

"想象"一词源于拉丁词"imago"，意思是"图像"；想象是在大脑中的成像能力，大脑有能力把内心世界的存在物转化为意象，以便让我们看到。想象创造了象征，而无意识正是通过这些象征来表达自己。

几个世纪以来，在历史和心理的漫长发展中，我们产生了当前对幻想和想象的误解。我们在这里没有足够的篇幅追溯这些发展，但是，鉴于这种偏见无孔不入，因而有必要简要地回顾一下我们充满智慧的祖先——古希腊人——是怎样理解幻想和想象的。

英语中的"fantasy"（幻想）一词源于希腊语中的"phantasia"（幻想）。这个词语最初的意义是"有益的"，它的意思是“使之看得到的东西”。它源于一个动词，这个动词的意思是“使之可见，使之显露”。其中的关联显而易见：幻想能力的心理功能就是使本来看不见的无意识心理被看见。

我们发现，在希腊人的心理学中存在着一种基本观点，是现代心理学必须去重新发掘的：人类的大脑被赋予了一种特别的能力，它可以将看不见的领域转化为看得见的形式，这一形式因而出现在大脑中，可以被思考。我们把这个看不见的世界称为无意识：对柏拉图来说，这是一个理想形式的世界；其他的古人把它当作诸神之境，纯净的精神之域。但是他们所有人都发现了同一个现象：我们创造意象的力量让我们能够看见无意识。

对于希腊人来说，“phantasia”表示大脑有这种特殊的能力，它可以创造出诗意的、抽象的和宗教的意象。“phantasia”是我们有“看到”内心世界内容的能力，借由给予其具体形态，对其拟人化。希腊人理所当然地认为内心世界是真实存在的，把它表述为理想形式或普遍品质，让它们穿上了诸神神圣形象的外衣。对他们来说，“phantasia”是神圣世界与人类思想对话的工具。

在欧洲心理学中，至少在中世纪之前，被称为想象或“phantasia”的意象创造容器被当作一种器官，可以从精神和审美的世界接收意义，并形成内在意象保持在记忆中成为思考和推理的对象。在宗教中，想象能力是通向宗教灵感、启示和体验的正统途径。信息通过想象进入意识，这一事实无论如何都不会遭到怀疑。因为“一种诗意想象的体验”通常（被）当成在想象的现实中相伴而生的信念。（摘自牛津英语词典）

也许直到伊丽莎白时代，另一种虚构的白日梦——与幻想意义相当——才开始生根发芽，它离奇而又不真实。人们杜撰出“异想”（fancy）一词——源于“幻想”（fantasy）——指仅仅为了娱乐而在想象中创造出异想天开的东西。不幸的是，这是对想象的误解，这种误解源自流行于20世纪的概念。

哪怕只是粗略地想想，我们也会清楚地知道，诋毁想象力是一种多么愚蠢的行为。人类的诗歌意象、文学、绘画、雕塑以及所有艺术、哲学和宗教的实质运作都依附于想象的成像能力和它的意象象征。如果我们没有创造这些意象象征的能力，我们就不能发展抽象智力、科学、数学、逻辑推理甚至语言。这也正应了我们前面引用的诺伊曼（Neumann）所说的话：

无意识的象征性意象是所有人类精神得以实现的创造性源泉……因为无意识象征的形成过程是人类精神的源头。所以语言，其历史与人类意识的产生和发展大同小异，总是作为一种象征语言开始出现的。（Neumann，*Great Mother*，p.17）

积极想象：对想象能力有意识的运用

和无意识一样，积极想象一直存在于人类生活中。然而，由于我们内在生活的多面性，荣格不得不重新发掘这门丢失的艺术，让它为现代人所用。

乍一看，积极想象似乎太过简单和幼稚，不能认真地把它当作一种心理学技术：寻找出现在某人想象中的意象，并与这些意象进行对话。它涉及与这些意象的邂逅。意识自我确实进入到想象中，并参与其中。这通常意味着与出现的人物进行言语交流，但它同样也涉及进入到行动、冒险或冲突之中，这些行为、冒险和冲突在某人的想象中诉说着自己的故事。

正是这种觉知，这种对意象事件有意识的参与，单纯的被动幻想变成了积极想象。意识和无意识在意象这一共同基础上的结合为我们提供了一个机会，让我们能够消除把自我从无意识中分离出来的障碍，在两种心理层面之间建立真正的沟通，解决我们与无意识的一些精神官能性冲突，从而更了解我们作为个体的真实面目。

因为人们普遍认为想象是虚构的东西，所以许多人认为在想象中进行体验是毫无意义可言的，这一想法也会在他们的反应中不知不觉地表现出来。他们想：“我和自己说话就足够了。”但是，如果我们运用积极想象，很快就能肯定我们是在和真正的内在自我对话。我们面对的是生活在我们无意识层面的强大人格，它们和我们的意识观念和行为频频发生冲突。我们确实进入了无意识动力中：我们在意识不能涉足的地方畅游。

当然，这种体验是象征性的。我们与之交流的意象是象征。我们在一个象征平台上与它们不期而遇。但是有一种神奇的原理发挥着作用：当我们体验意象时，我们同样直接地体验着意象包裹下的内在自我的一部分。这就是当人们有意识地进入积极想象时，心灵中产生的象征体验的力量：它作用在我们身上的强度和影响通常和身体体验一样具体。它的力量转变了我们的态度，在一个很深的层面上教给我们知识并改变我们。这种力量比外部事件的力量更强大。对于一些外部事件，我们也许还没来得及注意它就已经过去了。

当我们体验象征时，我们不知不觉中也在体验着这些象征所代表的情结、原型和内在精神实体。当意象说话时，它说出的是我们的心声。当我们回应它时，也是我们看不见的内在自我在聆听和记录。它用形象化的意象形式出现在我们面前。

在积极想象中，我们不像对另一个自己那样直言不讳。在自我和其他人格——来自无意识，出现在想象中——的交流中，我开始整合自己的各个部分。我开始了解我以前所不知道的那部分自己，并从中学习。

当人们问我，积极想象和梦是否“真实”，我总是想到《堂·吉诃德》中的一个情节。堂·吉诃德说，他正在寻找一种“比小麦面包”更好的面包。当然，他指的是圣饼。吃这种面包是基督教仪式的一部分。圣饼用小麦制成，然而它同时也来自一种原型形式，来自精神，来自比小麦面包更好的东西。

运用相同的隐喻，我可以说积极想象“比真实更真实”。它不仅在我们的实际生活中是真实的——因为它是实用和具体的，而且它还把我们与一个强大的世界联系起来，这个世界是超个人的和超越性的。它让我们参与形成主要的能量流，这些能量流在我们每个人心中结合在一起，形成了我们生活、关系和态度的长期模式。它影响着我们更深的现实层面，对我们的影响比日常生活中发生的任何事都更加深远。

与这些巨大的内在力量，以及它们在我们心中建立的长期模式和方向相比，我们发现，日常生活中的担心和决定原来大多只是巨大的生命之河表面上泛起的涟漪。这条河流缓缓流动，势不可挡地流向它的目的地。释梦和积极想象让我们看到更广阔的生命景象，看到那条巨大河流的方向，把我们的思绪从这些涟漪和局部的逆流中拉出来，因为它们已经占据我们太多时间了。

因此我们知道，梦和想象把我们与一种存在层面联系起来。这种存在层面不仅在外部现实感中是“真实的”，而且超越了真实。

第四章　原型和无意识

原型这个概念常常出现在释梦或积极想象中，因此，在我们讨论这些内容之前，好好地讨论一下这个重要的概念是有帮助的。这样,当原型意象的例子出现在讨论中时，我们能更好地理解它的重要性。我们现在将看一看原型概念中所包含的基本思想，然后，当我们分析具体的梦和进行实践时，就有机会加深对它的理解。

心理原型是荣格对现代思想最有用且最具争论性的贡献之一。它在心理学领域之外的应用也非常广泛，影响着诸如人类学、文化历史学、神话学、宗教学、比较宗教和文学阐解等众多领域的学术研究。这是因为荣格指出，以象征形式出现的原型，不仅出现在个体的梦中，同时也出现在神话、文化模式、宗教象征和仪式中，以及诸如文学和艺术等所有人类想象的产物中。

原型概念由来已久。它与柏拉图的“理想形式”这一概念——神圣心灵中已经存在的模式，决定物质世界将以何种形式诞生——密切相关。但是，荣格创造了心理原型这一概念——原型是早已存在于人类集体心理中的性格模式，不断地被人类个体重复，决定着我们作为心理存在进行感知和功能运作的基本方式。

荣格观察到人们梦中出现的象征通常与古代神话、艺术、宗教中出现过的意象——源于做梦者完全不可能知道的时代和地方——完全相符。此时，他觉察到了原型的存在。他开始意识到在人类的无意识中一定存在某些原始象征、某些众所周知的意义，它们不管何时何地都会自发地从无意识中迸发出来，而且没有文化差异。

同时，荣格也注意到这些“原型意象”——他这样称呼它们——其生物模式是根据人类最基本的心理结构形成的。我们也许会把它们当作自然的模板，显示我们内在的心智结构，或决定我们本能角色、价值观、行为、创造能力的基本模式，以及认知、感觉、推理的方式。

因为这些模式嵌入了人类心灵基本的集体基础之中，所以它们不会因为文化、文学、艺术的变迁发生改变。它们自发地来自无意识，随时随地出现在每个个体的梦、幻想或想象中。因为它们以众所周知的集体意象出现，所以，每当它们出现在个体的生活中或进入一种文化中时，其象征性总会唤起相似的情感，引发类似的问题，也使类似的行为群集（constellate）。

“原型”一词早在斐洛·尤迪厄斯（Philo Judaeus）时期就出现了，它参照了人们心中的“Imago Dei”（上帝意象）。爱任纽（Irenaeus）也曾提道：“造物主没有把人类直接做成自己的样子，而是按自身之外的原型复制了他们。”……“原型”是对柏拉图的“理想形式”的阐释性释义。就我们的目的来说，这个词是贴切且有帮助的，因为它告诉我们……我们正面对古代的，或者——我更愿意说——原始的类型，也就是说，从远古时期就存在的普遍意象。（Jung，9，*Collected Works of C. G. Jung*，p.5-6）

无意识产生的影响具有决定性，不受传统干扰，确保每个个体的体验具有相似性，甚至相同。它所代表的想象方式也是这样。这最主要的一个证据是世界各国神话的主题都是相似的，它们所表达的都是被我称为“原型”的原始意象。（Jung，9，*Collected Works of C. G. Jung*，p.118）

我们可以假设（人类）行为是某种模式运作的结果，我把它描述为（原始的）意象。用“意象”一词不仅是为了表达行动发生的形式，也是为了表现行动发生的典型情景。这些意象是“原始的”意象，从这个意义上说，它们对整个人类都有特殊的意义。即便它们不是“源头”，至少也应该与人类的产生存在着某种巧合。它们是人类的“人类特性”，是人类活动所采取的具体人类形式。（Jung，9，*Collected Works of C. G. Jung*，p. 153）

正如这个词本身所暗示的，原型与类型有关——这一类型是就性格特质或一系列特性而言的，而这些特征或特质似乎反复一起出现在可识别的、自发性重复的模式中。“贞洁少女”是一种类型，“明智而仁慈的女王”是一种类型，“勇士”是一种类型，“清教徒”又是一种类型。几乎没有一个现实生活中的人只属于某一种类型，因为类型，就其本质而言，是理想化的性格特质或行为模式的标准。我们发现，文学作品中的角色和我们梦中的人物可能符合某种类型的特征，但是现实生活中的人是许多类型的混合体，融合了丰富的、矛盾和多面的人类人格。

如果我们找到方法回到产生这些普遍类型的原始模式中，就会本能地发现各种人格特质潜藏于我们所有人的心中，存在于第一个人类头脑中的原始意象也同样存在于你我之中。然后，从某种意义上说，我们也就找到了这种类型的源头，第一个这种类型的人就是模板，其他页面都是按照模板印刷出来的。

“arche”这一词根在希腊语中是“第一个”的意思，而

“type”的意思是“特点”“特征”或“模式”。那么，心理原型指的是已经存在的“最初的模式”，对人类人格主要的动力组成部分来说，它是基本的模板。从某种实际意义上说，当我们审视这些类型时，我们领悟到，正是它们的联合让我们成为具有相同特征的人类。我们生来就与它们为伴，它们是作为人类成员的我们的继承物的一部分。

并不是所有出现在梦中的意象都是原型。我们应该注意到，无意识中充满了各种能量，分化成不同的能量系统——或者是被我们称为“能量形式”的东西。这些能量形式可以是我们心中的情绪、态度、价值体系或完整人格。事实上，我们每个人都拥有许多截然不同的人格，它们共存于我们的无意识之中。正是这些内在的“人格”，化作“各种各样的人”出现在我们梦中。

能量形式以梦中意象的形式将自己呈现于我们面前，其中就包括原型。但是大多数意象都不是原型，与众所周知的模式无关；它们只是做梦者的个人能量系统。当人们第一次听说原型，并认识到原型现身其中的令人敬畏的象征时，通常会变得困惑。他们可能会认为梦中出现的每一个意象都代表一个原型。或者，他们会产生这样的印象：某处存在一张原型清单，通过找出清单中最相似的项，并应用于梦中的象征，他们便可以解析所有梦中的象征。

这几种看法都是不准确的。原型可能不计其数，因为人类身上普遍存在着无数的特质和性格模式。原型识别是一个感知问题，人们需要进入一种普遍的人类能量系统，看到从我们集体人性深处涌出的强大象征。这不是查找某人制作的类型清单。在这个领域中，我们不但有权利也有义务运用自己富于创造性的想象。我们可以自由地为这些原型命名，只要这些名字对作为个体的我们具有意义。后面我将更多地谈到这一点。

可以通过一些例证更清楚地了解我们是怎样与原型相遇的：开天辟地以来，“灵魂”这一概念就自发地出现在所有的文化和宗教中。人类一直凭直觉知道或假设他们体内存在着一种看不见却很活跃的实体。在诗歌和宗教的寓言中，男人通常把他们的灵魂看作一位女性。有时，灵魂被看作一个内在的女人，她与基督通婚或者具有通灵的能力。有时候，男人会幻想出一位女性缪斯，她唤起他们在诗歌、文学、艺术上的灵感或微妙感受。女人，恰恰相反，通常把灵魂想象成一位能带来智慧和力量的男性存在。

荣格发现，宗教语言中的“灵魂”实际上有一个心理上的对应版本，它是内在心理具体且客观的一部分，扮演着宗教和诗歌中的“灵魂”角色，其功能与我们刚才描述的相同。对男人来说，梦中出现的灵魂是一个女性形象。对女人来说，它通常又以男性形象出现。为了区分这种客观的心理实体与宗教观念的差别，荣格把这一女性形象称作阿尼玛，把女人梦中的男性形象称作阿尼姆斯。在拉丁语中，这两个词分别表示“灵魂”和“精神”。

在后面的章节中，我们将列举一些阿尼玛和阿尼姆斯在梦和想象中出现的例子。这里的重点是，一个原型的主要特征在于它的普遍性，它所制造的结构或能量形式存在于所有男人和女人的心理结构中，无处不在。灵魂是真实存在的，它既是客观的实体，又是普遍的象征。它们是我们人类传承的一部分，也是我们之所以为人的一部分。

灵魂不仅作为一个内在实相存在于所有人之中，它还制造出一系列普遍的象征——各种阿尼玛和阿尼姆斯的意象。灵魂通过它们来代表自己。因此，我们可以在大多数男人的梦中找到一系列相似的阿尼玛形象，在神话、民间故事、宗教和文学中也是如此。同样，女性关于阿尼姆斯的意象也具有普遍象征性。

一种原型可能最容易被认定为一种内在结构，就像阿尼玛和阿尼姆斯的例子一样，但它也可能会是一种普遍特性，所有人都能识别它，或者是一种大家都会经历的普遍情感和行为模式。比如，一个女人可能会梦到自己站在爱神（或男或女）面前。爱是一种原型：爱是人类既定的行为倾向，是我们人类感受、联系和对待他人方式的原始模板的一部分。爱存在于每个人心中，也存在于每种文化中。它太普遍了，似乎这样谈论它都是没有必要的。

那个梦见原型的女人不仅有爱的冲动，和我们每个人一样，她还有憎恨或怨恨的能力，它们藏在我们总体人格的某个地方。但是在她的梦中，她站在一个代表爱的原型意象面前——爱是普遍、超个人的力量，这种力量从我们人类原始心灵某个深处涌出。

如果在面对这一意象时，她能够看到它代表爱的普遍能量，这股力量正挑战着她，影响着她，那么她就能够更好地理解自己的情感、情绪和行为。

我们先前曾经提到过，人类的无意识中有无数的原型。判断一个人在梦中看到的是不是原型是一个感知问题。这时，一些普遍的人类本能或模式藏在意象背后——或者识别出这一象征正是一种原始意象，这种意象显示了永恒的、无处不在的人类特性。

我们不必知道荣格把哪些意象正式指认为原型。我们也不必知道荣格学派的心理学家怎样称呼它们，尽管有时这也许会对我们有所帮助。

荣格学派的心理学家通常在神话和古代宗教中选取名字为这些原型命名，因为那是这些意象最初出现的地方，出现的方式通常颇具戏剧性，也最让人印象深刻。比如，接受命运考验的英雄旅程原型通常被称为“奥德赛”，因为它最伟大的意象就是奥德赛的旅程。但是所有这些名字在一定程度上是随意的。我们每个人都可以自由地运用自己的判断、情感和想象来决定我们面对的是否一个原型，我们也可以自由地用对我们最有意义的方式为它们命名。

几年前，一位年轻的大学生来找我为他释梦，一个男性的形象反复出现在他梦中。他自发地为这位友好的、展示出一种普遍性格的男性同伴取了一个名字：“部落兄弟”。

做梦者和他的部落兄弟生活在古欧洲的一个维京部落里。在一些梦中，他和他的同伴是勇士，并肩作战。在另一些梦里，他们又是巫医。在一个梦中，他们发现了一个魅力四射又有魔力的女人，她穿着白色的长袍，成了做梦者的妻子。他们一起经历了所有的斗争，找到了作为青年男子的精神气概。做梦者与他内心人物的友谊如此亲密，感受如此真实，在梦中，每当他不得不离开几天，不能见到他时，他就会感到很孤单。

显然，“部落兄弟”是一个原型，在女人的心中也相应地有一个“部落姐妹”的原型。男人和女人通常会在成年早期梦到这个人物——他们与做梦者的年龄相仿，性别相同，是他们的帮手、忠实的同盟及生活考验和挑战中的同伴。这种意象对应着一个客观现实，因为这种能量系统的确存在于个体之中，而且正如这个意象所描述的，为他或她的发展提供了力量和意识。对于一个女人来说，部落姐妹是一个女性意识的原型，当她发展成为成熟女性时，这种女性意识会增加其女性气质，强化她的女性身份。

我举这个例子是为了强调你有权利做出自己的判断，并自行为它们命名。“部落兄弟”不会被写在标准的原型清单上或象征词典中。然而，做梦者在自己的梦中看到了这个象征，把它看作人类生活中一个普遍意象，并为它取了一个古老的名字。你与他一样，也有权这样做。

有时候，如果我们拿原型与古希腊人观念中的诸神进行比较，会更容易看到出现在我们梦中的人格与人性中的巨大力量是如何对应的。这些神灵，正如希腊人所创造的一样，是与人类个体生命互动的力量。这些力量存在于每个生命中，是普遍、永恒的，不因个体差异而不同，或者说不受时间的限制。“诸神”也可以被描述为作用于人类的“各种能量”。然而，他们的意象代表着整合人格，与我们梦中的“各种人物”相似；他们拥有巨大的力量，与人性中的一些主要类型相吻合。

基于这一原因，荣格曾说过希腊万神殿中的英雄和诸神实际上是原型中最卓越的象征。他们的意象表现了构成人类人格的普遍原始类型。

严格地说，原型并不是力量，它是早已存在的模式，这种模式为我们提供了典型的力量类型。然而，当我们与代表原型的意象不期而遇时，我们总是能从这种意象中感觉到力量。我们感到自己接近的不仅是一种象征类型，还是人类集体无意识中的超人类力量的巨大宝藏。我们可以感到原型是能量的载体。我们好像感到它们在我们的身体之外，意识不得不与之互动，对它进行处理。当我们把它们当成鞭策我们、影响我们的力量时，我们就会明白为什么希腊人和其他古人会把它们理解或体验为超自然的力量了。

因为原型形成的能量系统是非个人和普遍的，与永恒和原始的实相相对应，所以我们确实可以在梦中把原型体验为神性或神。我们把它们体验为“伟大的力量”。它们时而帮助我们，时而威胁我们，时而给我们力量，时而让我们不知所措，时而解放我们，时而又占有我们，这取决于我们自身的发展和涉及的事件。我们感到它们是伟大的、卓越的、永恒的能量，尽管这些能量是我们身体和天性中的一部分，却不受我们控制。

和大多数心理学概念一样，原型的大多数观点都与平常的日常生活相关。我们可以感知到原型在我们的日常生活中发挥着作用，但我们没有认出它们就是原型 。

比如，如果我们知道一个女人正与巨大的困难做斗争并表现出超人的勇气时，我们会说：“她是一个女英雄。她在整个过程中都表现得像一个英雄。”在没有思考的情况下，我们就承认女英雄的原型活在她的心中，造就了她性格的一部分，她根据这种我们出于本能就了解的普遍类型来行动。

在另一种情况下，我们可能评价一个认识的男人“表现得像一个吝啬鬼”。我们指的是愤世嫉俗的吝啬鬼的原型——另一种我们大家都能识别的类型或人格模式——表现在这个男人的态度和行为中。

我们每个人心中都有男英雄或女英雄的原型，吝啬鬼的原型也是如此。这就是我们马上能够分辨出它们的原因。在一些人身上，某种原型表现得特别明显：我们可以看到这种原型“布满他们的全身”。对于另一些人来说，这些原型是潜在的，存在于无意识中。打个比方说，英雄原型只会在某人遇到紧急情况，或者受到爱或忠诚的激发时，才可能从他的心中浮现出来。

没有人是单面的，我们不是一维生物；我们是变化多端的原型的丰富混合体。我们每个人一部分是英雄，一部分是懦夫；一部分是父母，一部分是孩子；一部分是圣人，一部分是小偷。我们正是在学习识别心中原型母题的过程中，在学习把每种原型都当作合理的人类特质的过程中，在学习用建设性的方法对它们的能量进行利用的过程中，把内在工作变成了伟大的奥德赛精神。

原型常常用无意识中的意象来表示，这些意象是神圣、忠诚、神奇或神秘的。如果普遍的女英雄原型出现在你的梦中，她可能呈现出一个传奇人物的形象，如圣女贞德。她可能穿着闪亮的盔甲或手握神剑。通常情况下，这里面一定有着某种创造高贵或权威感的东西。

就算敬畏、神圣或魔力这样的特有感觉没有出现，一个人看待普遍类型、特性或体验等典型例子时的感受也会出现：众母之母、时间老人、世界末日的善恶大决战、包含人类经历过的所有爱的体验的大爱。

第五章　冲突和统一：信念

因为内在工作是意识元素与无意识元素之间的对话，所以冲突的阴霾总会出现——价值观、内驱力、信念、生活方式、道德感、忠诚感的内在冲突。无论我们是否能够勇敢地面对，当然，这些冲突都会出现。然而，释梦迫使我们认真地审视它们。而积极想象，也许比任何形式的内在工作都更能让这些冲突浮出表面，让它们暴露在阳光下。

我们怎样才能让它们暴露在阳光下呢？大多数人完全不能面对内心的冲突；他们执着于自我，压抑无意识，从而制造出一种生命处于统一中的假象。即使我们自己的其他部分存在不同的价值观或需求，我们大多数人宁愿不去理会。

我们已经讨论过内在结构的复杂性。我们知道，虽然我们看似是独立的个体，但实际上是复杂的存在。我们每个人心中都共存着多种不同的人格，共享一个心灵。我们同样也知道，人类思维以二元方式体验着这个世界：我们把这个世界分化为黑暗与光明，把我们自己分为“好”与“坏”。我们永远都在做着判断，最初支持一方，随后又支持另一方，却很少去完成整合它们的艰巨任务。

也许是人类非此即彼的倾向性制造了我们接受和利用各种内在人格的最大障碍。我们没有意识到，我们或好或坏的分类通常是武断而主观的。这些标准大多来自家庭、文化和儿时形成的条件反射，我们从不去质疑它们。如果我们有勇气敞开心扉好好看看那些让我们感到羞耻的本能和能量系统，我们几乎总会发现它们也会成为正面力量——它们只不过是我们完整人类性格中正常的一部分。作为内心内容的一部分，它们需要被承认、被尊重，并在适当和建设性的层面继续存在下去。

我们需要勇气来寻找自己的“阴暗面”，承认它是我们的一部分，认识到它可以在我们的生活中扮演一个建设性的角色。我们也需要勇气来直视我们欲望和冲动的碎片。一方似乎争辩着说“是”，而另一方却竭力反对。心灵的一方吵着要关系、归属感和稳定性，另一方却想要去参加十字军东征，去异国他乡大冒险，去世界的另一边，像吉卜赛人一样生活。而另一种人格又想建立一个王国，巩固我的力量系统。有时候，这些冲突看似不可调和。我们在这些欲望、义务和权利的冲突中感到被撕裂了。

那么，我们怎样才能在内在工作中进入无意识，并让自己浸没于这种破碎和二元性中呢？除非我们本能地感到这些冲突最后非解决不可，斗争双方必须心平气和地走到一起，破碎最终揭露着更深层的现实、一种潜在的基本统一和生命的意义，否则我们不会有勇气去面对自己心中这种可怕的分裂。

我们开始理解内在工作的好办法——虽然你最初也许会觉得有些奇怪——是通过“相信”。

每一周，有无数的人用各种各样的语言重复着这句话。当然，我们大多数人从来没有想过这句话的真实含义；它成了不用思考就机械重复的句子之一。不管你对这句话作为按字面意义理解的宗教陈述的感受如何，你都应该思考它在心理层面的意义。这句话告诉我们，不管生命有多复杂，有多少归宿，这里只有一个主体；这里只有一个创造者、一个起源、一种统一。

因为我们感受到这种原则，所以我们知道，不管我们遇到怎样的冲突，不管我们内心多么纠结与抵触，它们都是发端于同一树干的不同分枝。

没有这种信念，我们将会变得无助；严肃的释梦和与积极想象都将是不可能的。仅仅是我们内在自己的多样性就会让我们手足无措。但是信条告诉我们，所有这些自己，所有这些能量都出自同一源头，可以追溯到唯一的神。追溯的方法之一就是通过内在工作勇敢地进入这种复杂性、进入二元性。

谁不是被这种二元性的生活困扰了大半辈子？心中男性和女性的声音、义务或欲望、善或恶、这样或那样的选择、追随我的心还是我的思想——我们可以列举出无数这样的对立面，它们表达了生活中的“阴”和“阳”。

鉴于我们会一再用到“阴”和“阳”这两个词，解释清楚它们的意思是有帮助的。在中国古代的心理学和哲学中，这两个词表示世界自发分裂成的两个固有对立面：黑暗和光明、炎热和寒冷、男性和女性。早期的神话告诉我们，把握总体实相需要保持对立双方的平衡。

“阳”代表男性、运动、积极、强壮、温暖、干燥和光明。“阴”代表女性、静止、接受、柔软、寒冷和黑暗。荣格学派中，我们用这两个词语表示二元性的人类普遍心理体验。我们心中总是包含着对立的态度。一部分我们赞同，一部分我们反对。一部分我们想要向前发展，一部分我们想要安定，冷眼看事态走向。一种态度来自女性面，而另一种态度来自男性面。

根据古代传说，智慧来自阴阳消长时，处于上风的那一方占主导地位。对万事万物而言，只有对阴阳双方一视同仁时，它们才能达到平衡。

然而，如果没有这种二元性，没有宇宙的分化，那么据我们所知就不会有人类存在。这是我们作为意识存在投生为肉身付出的代价，我们不可避免地会学会划分世界，看到自己是截然不同的。

当我们学着打破原始无意识的最初统一时，通往意识的道路便呈现在我们眼前。就像亚当在伊甸园中一样，我们学着把我们自己从这个世界和周围的人中区分开来。我们学着将这个世界分门别类。我们不仅开始为外部事物分类，也开始把我们自己的特质和性格分成对立面：所谓的“好”和所谓的“坏”，让我们害怕的事物和带给我们安慰的事物，赞同我们的和威胁和羞辱我们的。就这样，我们有了自我意识，一种独立于群体的个体对自己和自我的感知，自我是脱离了集体无意识的。

但是人们为这种意识付出的代价是沉重的：破碎、内心看似不可调和的冲突，以及世界已经支离破碎、没有核心意义的感觉。我们有足够的意识被生活的冲突撕毁，却没有足够的意识去感知生命潜在的统一性。然而，正是通过这种方式，通过生产出它的一个见证人——人类意识，大自然感知到自己的存在。

“但是究竟是为什么，”你或许会问，“人们需要千方百计地达到更高的意识水平呢？”这个问题真的很重要，我费了很大劲才找到这个问题的答案。我不能提供一个真正的答案，我所说的只是一种信仰：我相信，上亿年之后，有人不得不意识到这个充满高山和海洋、太阳和月亮、星系和星云、植物和动物的奇妙世界是存在的。在东非平原的一个小山丘，我曾经观察到一大群野生动物在静静地吃草。它们从远古时期就开始这样做了，只被原始世界的气息触动。我那时感到自己仿佛是世界上出现的第一个人类，第一个生物，知道事情的所有来龙去脉。我周围的整个世界仍然处于一种原始状态；它并不知道它曾经是这样。然后，在我所知道的某个时刻，这个世界形成了；如果不是在那个时刻，世界将不会产生。所有的天性都在寻找这个目标，在人类身上得以实现……每一个进步，哪怕是最微不足道的，都沿着意识实现的道路为这个世界添光增彩。（Jung，9，I，*Collected Works of C. G. Jung*，p.177）

如果我们只是脱离出去，如果我们建构这个世界的方式只是意识到这个世界与我们自己是不同的，那么我们的任务就还没有完成。我们每个人都拥有直觉，一种潜在的信念，相信所有这一切最终会有意义。人类普遍认为生命的关键在于统一性和凝聚力，而且我们有可能有意识地感知这一点。迄今为止我发现，被大多数宗教和哲学称为“启蒙”的，正是对人类心理原始和基本统一性的感知。

内在工作教给我们通向统一自性最重要的原则之一。许多人相信他们可以通过退让，避免冲突，装着不知道它们的存在达到统一。内在工作作为一种实用的经验告诉我们，我们可以拥抱冲突，拥抱二元性，勇敢地将我们自己置身于敌对的声音之中，再找到穿越它们的方法达到统一。统一才是它们最终所要表达的。

我们不能退让。我们不能撤离。我们不能通过消除意识和回到动物的无意识来找到原始的统一感。我们的进化选择了另一条道路，这条道路扎根于我们心中，就像我们的身体结构一样不容置疑。这条道路一直向前，并不绕着二元性兜圈子，而是穿过它直达潜藏在它之下的统一性。我们的任务是在不牺牲我们意识的复杂性及对自己作为独特和个别存在的感知的前提下，找出基本的统一性和生命的意义。

正因为我们的个人生活中存在着冲突，而且我们愿意面对它们，把它们转化为建设性的对话，我们的意识才会增强。

生活在二元性和矛盾中是我们的宿命，如果我们愿意承认的话。矛盾因素的对话是生命的本质。令人吃惊的是，它也是实现统一最可靠的方法。我们的梦便是它的舞台、它的工作室和战场，而积极想象是它最好的表达方式。

第二部分

释　梦

释梦的四个步骤是：1.进行联想；2.把梦中意象与内在动力联系起来；3.解析；4.进行仪式使梦变得更加具体。

第六章　走近释梦

鉴于本书旨在提供一种直接、实用的释梦方法，我们将不会花大量时间讨论理论。然而，在荣格学派的释梦中，我们会用到一些概念和词汇。鉴于这些概念和词汇会时不时地出现，我们将借此机会于现在讨论它们。随后，我们将进入到实际步骤中学习怎样运用它们。

我认为观察真实的梦是一个很好的起点。通过这个梦，我们将举例说明一些基本的观点。下面是一位生活非常繁忙的年轻职业女性的梦。从表面上看，这个梦很短小简单，但它对做梦者的影响很大。

叛徒之梦

我正在找我的车钥匙。我意识到它们在我的丈夫身上。然后我想起我弟弟借了我的车还没有还。我看到了他们两人并大声地叫他们的名字。他们好像没有听到我在叫他们。随后一个衣冠不整的年轻人，好像是一个“叛徒”，坐上我的车，并驾车离开了。我感到异常沮丧和无助，有种被遗弃的感觉。

当做梦者开始释梦时，她从两个基本的原则入手：首先，梦的基本功能是表现无意识。因此，她意识到，这个梦表达的是她无意识层面存在的某些东西。第二，她知道不应该照表面意思来理解梦中的意象，它们是她内在生活中的一部分自己和动力的象征。她既进行了释梦又对梦中人物进行了积极想象。下面是她得出的基本分析结果：

因为她头脑中自发地联想到她的丈夫和弟弟，所以她感到他们代表的是自己的一部分，她内心中认为这部分自己需要安静、沉思和全神贯注。她看到自己忙于外向性的职业生活，没有时间待在家中，与家人在一起，也没有时间安静下来让自己集中注意力。她手上的工作已经让她捉襟见肘，一边上课一边做着大量的工作。她超负荷工作，非常紧张，不能找到时间独处或与丈夫共处。她不拒绝任何要求，同意参与每一个项目。

这辆车对她来说代表着过度承担。那种模式感觉就像一个“运载工具”，她进入其中，这个运载工具载着她离开。与这辆车一样，这种模式是无意识的（机械的），是集体社会的产物，不知何故不受她控制。她感到好像有什么东西将她推入车内，转动开关，然后载着她“开往”另一个项目，以及另一件需要她参与的事。

她联想到了另一个男性的形象——“叛徒”。他把车开走了，带着她自己的一部分，这部分她想要一直高速运转，对每件事都说“是”；喜欢打燃火花塞，在集体圈中消磨自己的时间和精力。他就像一个野人，不能忍受静坐不动或安静平和。做梦者感到自己分裂了，一边是由丈夫和弟弟所代表的一面，一边又是由叛徒所代表的另一面。

为了回应这个梦，她对日程表做了一些大的调整。她减少了一些外部世界的活动，以便能花更多时间与家人在一起，安静下来，进行内在工作。当她把自己的能量集中在对于自己来说更重要的方面时，她马上感到轻松了下来。

这个梦呈现了几个对我们有帮助的基本原则。首先，很重要的一点是：就算是一个短小、看似不重要的梦也试图告诉我们一些我们需要知道的事。梦不会浪费我们的时间。如果我们不怕麻烦，愿意倾听这些“微不足道”的梦，我们会发现它们包含着重要的信息。

在我们梦中出现的人是谁？那是我们内在结构中的什么东西，用诸如丈夫、弟弟、叛徒之类的人来代表？对于这个女人来说，我们已经看到丈夫的意象所代表的与她生活中的、实际的丈夫完全不同——这是一种存在于她内心的东西。在这个梦中，他的意象代表了于她内在发挥作用的“生活准则”、一系列价值观、一种内在感受，以及关于怎样的生活方式对她来说才是最真实的。

梦中人物的多样性反映了内在自我的复杂和多维的结构。我们都由许多不同的人格或内在“人物”所组成，它们共存于一个思想和一个身体中。我们认为自己是一个个体，只有单一的生活态度，但是实际上，如果我们留意的话，我们不得不承认我们会感到好像有好几个人生活在我们内心深处某个地方，每个人都把我们拉向不同的方向。

梦通过象征形式向我们展示了所有不同的人格。它们在我们心中互相作用，造就了全我（total self）。在这个关于叛徒的梦中，做梦者发现自己具有多面性，分别由丈夫、弟弟及叛徒的意象来代表。一部分她想要待在家中，打理花园、沉思、享受家庭的欢乐。一部分她想要出色地完成自己的工作。另一部分她想要冲出去拯救世界，与“叛徒”一起经历无尽的冒险，“有所作为”。实际上，“叛徒”那部分似乎是她内心“英雄”原型的呈现。通过所有这些呈现，梦的含义不言而喻，她必须在所有这些对立的冲动和价值观中找到一种平衡。

荣格观察到我们的每种心理成分都是一个独立的意识中心。我们可以把它们当作我们自己心中的结构，它们组成了我们的完整心灵。我们可以把它们看作独立能量系统在我们体内的联合，因为它们是自主的：它们都有各自的意识、价值观、欲望和观点。每一个都把我们带向不同的方向；每一个都在我们的生活中贡献出不同的力量和品质；每一个都在我们完整的性格中扮演着不同的角色。

这就是为什么人们常常感到它们好像是生活在心中的独立的人。我们在梦中用各种各样的人来象征它们实在是再合适不过了。

通常，当我们试图根据事实和逻辑判断做决定时，我们实际上正在与内心的各种强大力量做斗争。因为这个过程大多是不自觉的，我们也不知道他是谁、不知道他为何而战，所以我们不能进行调解。我们不知道应该站在哪一边。我们感到自己绝望地在对立力量中分裂了。

下面是一本小说中出现的一个妇女形象，出自一位当代作家之手。当她遇到引诱自己的人时，她的内心出现了分裂。

"那时我们可以一起出游。"他解释道，好像这就是双方一直为之奋斗的解决方法。

她一言不发。在她的心中，她天性中的每个成分似乎都在交战：孩子与母亲，妓女与尼姑……（LeCarre，*Little Drummer Girl*，*p.*78）

那个男人——内心的英雄想要撼动城堡和寻找圣杯，而他内心的和尚却想要安静地待在自己的斗室中——又是怎么样的呢？我们也许会说，这些代表了人类的可能性，人类性格的各个方面，这对我们所有人来说都是很常见的。

在这里，我们与原型——普遍的模式或人类无意识中的倾向——不期而遇，它们找到进入我们每个人心理中的办法，并塑造我们。它们实际上是心理能量的基石，联合起来创造了个体心灵。这里有孩子类型，有母亲类型，有一般意义上的圣母和妓女，它们贯穿于一个个体的人格中。

在我们的梦中，它们把男英雄或女英雄原型、教士原型、无赖原型结合起来。每一个这些原型都使我们的性格更丰满，也有不同的真相要诉说。每一个原型都代表了我们自己，代表了不同版本的普遍力量，这些力量联合起来造就了每一个人。

内在自我不仅是多维的：荣格发现心灵把它自己表现为雌雄同体，同时包含了女性和男性的能量。每个男人都需要把他的“男性”自我与被他的无意识看作“女性”的那一面联结起来。每个女人的女性自我也需要与她全我中象征性的“男性”一面整合。

心灵自发地将它自己分成各种对立面。我们体内所有的原型能量都以互相补足成对的形式出现在意识中：阴和阳、女性和男性、黑暗和光明、积极和消极。一部分我生活在意识中，另一部分我——具有补偿特质，补全了整体——隐藏在无意识中。无意识不停地运用男性—女性二分法来象征内心力量的相互碰撞。这些内心力量必须平衡，并互为补充。它们可能以敌对的双方、死敌的形式出现，然而，他们注定是一个整体，因为它们是一种能量流的两个方面。

两种不同性别的人物常常出现在梦中来象征能量系统。这些能量系统与自我遥不可及，与意识遥不可及，深藏于做梦者的无意识中。我们不可能预测一个特定的女人或男人会通过相反性别的意象来代表我们内在的哪一部分。这取决于个体本身，但我们清楚一些常见模式，了解它们也是很有用的。

人们通常已经在文化中形成条件反射，认同在生活中应该思考，应该有序，应该成为英雄和实干家。因此，无意识常常会选择一个女性人物，来代表一个男人的情感特质，以及感受、审美、发展价值观和通过爱进行联结的能力。对许多男人来说，这些能力大多存在于无意识中。它们以女性意象出现在一个男人的梦中，暗示他需要将它们意识化，扩展他狭隘的“男性”自我关注点。

许多女人的自我结构大多与情感、关系、养育和母性相关——按照传统，这些特性被认为“富有女性特质”。心灵的女性面也具有理性，但是它运用了情感逻辑，这种理性的过程扎根于感受及价值精细分化的感知。它比男性面更“了解”不同的心境——通过对“整体”的感知，而非靠分析。因此，女人的梦通常会运用男性人物来代表心灵的另一面——逻辑思考，通过分析和鉴别、分类、组织、竞争和权力的行使来认识事物。一个女人也许会发现，她的许多态度原则，如她对宗教、哲学和政治的看法，产生于她心灵的另一面，而这一面由男性人物所代表。

雌雄同体的心灵最重要的一方面是灵魂意象。在每个男人或女人的心中都有一个内在人物，他在心灵中的最基本作用类似“普绪科蓬波斯”（psychopomp）[①]——把自我带入内心世界，他是无意识与自我之间的引导者。

当荣格感知到自己心中的女性存在时，他开始感受到了灵魂意象。这个女性存在把他拉向无意识中，把生活在梦和想象领域中的那部分自己呈现出来。当她出现在荣格的梦中时，荣格发现她是一个神秘的产物，似乎具有魔力，一半像神灵。和但丁《神曲》中的比阿特丽斯一样，她将荣格引入无意识内心世界，在那里充当他的向导。他在其他男人心中也发现了同样的女性原型。他同样在女人的梦和生活中发现了相对应的男性灵魂意象。

荣格感到这个内在人物是我们内在的那部分自己，它把我们与精神世界相联系。因此，他把这种男性心中的女性灵魂意象称为阿尼玛，把女性心中的男性灵魂意象称作阿尼姆斯。阿尼玛和阿尼姆斯即拉丁语中的“灵魂”。

---

①普绪科蓬波斯是罗马和希腊神话中赫尔墨斯祭祀时使用的别名，他负责把死者的灵魂带到冥国，因此有灵魂接引者的意思。——译注

感知灵魂意象至关重要。它们时常出现在我们的梦中，在我们作为个体的发展中起到举足轻重的作用。它们影响着我们生命的整个进程。

作为我们内心的能量和力量的象征，灵魂意象是值得注意的巨大的力量。我们生来就渴望合一，渴望活得有意义，渴望把我们自己的对立部分融为一体，进入无意识，探索内心世界和发现宗教体验。所有这一切欲望都集中在这些内心存在中，它们是自我和巨大无意识的中介物。如果我们在进行内在工作时不与阿尼玛或阿尼姆斯互动，我们将不可避免地把它们投射到生活中不属于它们的领域中去。

比如，一个男人可能会把他的阿尼玛投射到工作中，并为之着迷，把他的工作变成宗教生活的一部分。一个女人可能会把自己的阿尼姆斯投射到另一个现实生活中的男人身上，那么她爱上的不是这个人，而是她投射在他身上的灵魂意象。这种罗曼蒂克幻想的整体基础是一种投射。它频繁地破坏平常的人类之爱，将男人的阿尼玛投射到一个女人身上，或将一个女人的阿尼姆斯投射到一个男人身上。通过这种罗曼蒂克的投射，人们试图通过另一个人完善他们自己，试图通过外界的人活出在无意识的、意识以外的那部分自己。

在导论中，我提到过个性化过程。如你所知，个性化是朝向内在全我的意识的运动。以自己的梦为模型，我们可以看到，个性化在很大程度上同样包括把我们心中不同的内在人物整合起来，形成一个综合体。个性化不仅是意识到这些内在能量系统的存在，同时还要把它们联系和统一起来。

尽管这个目标还没有实现，但我们可以直观地感知、感觉和描述这种发展的最终产物——整体感、完整感。我们总体存在的完整性、我们意识的整体特征可以用一个原型来表达。荣格把这一原型称为“自性”。

“自性”就是整合原则。它也是整体——一个完整的人。当一个自性的象征在梦中出现时，它代表的不仅是我们人类的总体性，还有我们达到最高意识的潜在能力——对我们自身及宇宙合一的感知。

梦不断地记录个性化的进程和自我朝向自性的运动。在大多数梦境中， 我们可以看到我们生活中当时当地的生活场景。然而，同时，如果你把自己的梦收集起来，统观它们，你会发现它们讲述的是通往自性旅程的不同阶段。

自性有其特有的象征：圆圈、曼陀罗（分成四部分的圆圈）、正方形和菱形。它们都是抽象的图形，表示自性原型。

自性出现在所有四位一体的梦中——这些梦涉及四个人物或用某种方式强调数字四。荣格发现数字也是原型象征。从远古至今，数字四出现在每个宗教中，用来象征宇宙的完整性或一种精神进化的完成。

自性的另一个特有象征是完美或忠诚的夫妻：男性与女性两极的结合，就像龙的阴阳两极的结合一样，象征自性的最高整合。

无意识中还存在着另一种基本的能量系统，它也常常出现在我们的梦中，了解它是非常有用的。荣格称这种内心存在为“阴影”。在每个人心中都有某部分无意识与自我特别接近，通常以与做梦者同一性别的人物出现。阴影是另一个自我，从意识自我中分离出来，生活在无意识之中。通常情况下，阴影包含的特性和特质或好或坏，它们都是自我人格的自然组成部分。但是自我，因为这样或那样的原因，要么不能同化这些特性，要么彻底压抑了它们。有时候，这些阴影中的特性似乎会使自我感到尴尬，认为它太原始了：人们不愿意承认它们属于自己。有时候，阴影具有巨大的正面力量，自我不愿主张它属于自己，因为人们要么需要为此承担太多责任，要么需要对弱小的自我形象做出极大的改变。

阴影以怎样的方式出现在梦中取决于自我的态度。比如，如果一个人对内心的阴影是友好的，他乐于成长和变化，那么，阴影常常会以良友的身份出现，他是一个“好伙伴”、一个部落兄弟，在他的冒险过程中提供帮助、支持，教他技巧。如果他试图压抑自己的阴影，那么它通常会表现为可怕的敌人、禽兽或怪物，在梦中袭击他。同样的原则也适用于女人。

根据她与阴影的关系，阴影可能是一个可爱的姐妹，也可能是一个可怕的女巫。

上述是荣格学派释梦的一些基本概念和模型，在最初的释梦过程中，大多数人发现它们是有用的。当我们讲解案例，学习实际操作步骤时，它们会变得更清晰。

第七章　四个步骤

在我们开始第一个步骤之前，简单地浏览一下将出现的四个基本步骤也许会有帮助。这四个步骤是：

1. 进行联想；
2. 把梦中意象与内在动力联系起来；
3. 解析；
4. 进行仪式使梦变得更加具体。

在第一步中，我们找出联想为解析打好基础。这些联想来自无意识，与梦中意象相关联。每个梦都由一系列的意象组成，因此，我们的工作开始于找出这些意象所具有的意义。

在第二步中，我们将寻找和发现梦中意象所代表的那部分内在自我。我们找出起作用的内在动力，它们是由梦中场景来象征的。然后，进入第三步，解析。我们把在前两个步骤中收集到的所有信息都放在一起，把它们作为一个整体来看待，找出梦的意义。

在第四步中，我们将学着运用仪式让梦更加清楚，让它的意义更清晰地出现在我们的头脑中，并赋予它具体的直接身体体验。当我们进行第四步时，我们将运用典礼和仪式来帮助我们与无意识重新取得联系。

依据前面这张粗略的路线图，我们现在就从第一步开始。

第八章　第一步：联想

对于梦中的每一个象征，无意识都做好准备提供可以解释其意义的联想。无意识本身对它所制造的每一个象征来说，都是参照系，因此，无意识的象征语言是可以被解读的。我们的工作开始于认识联想，这些联想自发地从我们心中流出，与象征相关。

首先，好好想想你的梦，把梦中每个意象的联想都写下来。一个梦里可能出现人物、事物、场景、颜色、声音和谈话。就我们的目的而言，它们都是一个独立的意象，需要我们独立地进行处理。

基本技巧是：写下梦中出现的第一个意象，然后问自己："我对这个意象有什么感受？当我看到这个意象时，我的头脑中浮现了哪些词语和想法？"你的联想可以是任意的词、想法、头脑中出现的图像、感受或记忆。当你看到梦中的意象时，它们会忽然进入了你的脑海中。在理论上说，它们可以是你自发地与这一意象联系起来的任何东西。

通常每个意象都可以引发数个联想。每个意象都可以让你联想到一个特定的人、一句话、一个句子或一段记忆。写下直接来自这一意象的每一个联想。然后，回到意象上，看看脑子里还有没有其他联想。不停地回到梦中的意象上，并写下它在你头脑中制造的每个联想。只有写下你能找出的这个意象的全部联想后，你才应当处理下一个意象。

最初，你也许会觉得工作量很大。但是在你进行了几次，并发现这种技术对于锁定梦中意象的意义具有神奇的力量后，你会感到付出的努力是值得的。你也将看到为什么象征对人们来说有如此巨大的力量：象征自发地把我们与内心深层的部分联系起来。我们渴望触及这些部分。

此时，你不应该试图决定哪些联想是所谓正确的。通常，出现的第一个联系，似乎看起来很明显的那一个，并不是后来在这个过程中对你最有用的那一个。无意识不会遵循自我的逻辑。你可能会发现，一个看起来愚蠢、莫名其妙、不合情理的联想，会成为你后来释梦工作中最有意义的那一个。有时候，你会发现所有的联想都与你的梦相关，即使它们最初看起来是自相矛盾的。因此，这时候你不要试图在它们之间做出选择，将它们写下来就行了。

假设你的梦以这样的场景开始：我在一个蓝色的房间里。

第一个你需要处理的意象就是蓝色。你可能会做出以下联想：

蓝色：悲伤或沮丧——“忧郁的心情”“我今天感到很忧郁”。

蓝色的月亮（千载难逢的事）。

清晰的颜色：冷静，超脱的意识，与活泼、情绪强烈的红色形成对比。

我的蓝色汗衫。我通常都穿蓝色的衣服。

我祖母的起居室。一直是蓝色的。

吹风——“吹走”

不褪色的蓝色染料——意味着诚实和忠诚。

无意识在一种场景中会制造蓝色，而在另一个场景中会使用红色，或另一个场景中使用黑色，这样的事情并非偶然。它使用蓝色是因为这一特定的颜色正好表达了此时在无意识中起作用的动力。蓝色对于无意识的意义将会在无意识制造这一颜色的某一联想中找到。

根据做梦者的不同，这种颜色可以用来代表清晰度和超然的静观。当我们分析到第三步时，这种象征的使用可能呈现出一个完全被情绪控制的人，需要变得冷静和清醒一些。对于另一个人来说，蓝色可能指代一个评价，表示事情太缺乏激情，太抽象，没有充足的人类能量或狄俄尼索斯般的激情。

对于一个人来说，蓝色的房间可以代表一种沮丧情绪：这个梦可能表示口语中的“我感到很沮丧”（I feel blue）或者“我今天很忧郁”（I’ve got the blues）。你自己的联想可以成为你对这种颜色的惯常反应：“当我身边有蓝色的东西时，我感到宁静而平和。”

如果你觉得联想很牵强也没有关系。在这个阶段，你只要把来自无意识的信息收集起来就行了。实质上，你正在问无意识：“你从自己的象征中联想到了什么？”

每个人的反应各不相同。我们的目的在于找出你自己独有的联想，而不是让某人根据书本或一些心理学理论来告诉你这些联想应该是什么。因此，不要为自己的联想感到难为情，不要审核它们，不要试图让它们听起来更有品位或更“适合”。让它们以本来面目示人。

进行直接的联想

每一次进行联想时，请确保你回到了最初的梦中意象里。你应该从最初的意象出发进行新的联想。你应该每次都返回梦中意象里，再从这里开始新的联想。千万不要进行连锁联想。

连锁联想是把各个联想联系起来，这通常也被称为“自由联想”。你进行了你的第一次联想，然后在这个联想的基础上再次联想，以此类推，直到你完成整个环节。如果是这样，我们就没有回到最初的梦中意象中去。

下面是连锁联想中可能出现的例子：

蓝色——悲伤——医院——詹妮阿姨——苹果派——温暖的厨房

你可以看到，这个链条离最初的意象，蓝色，越来越远。当我们联想到“医院”或“詹妮阿姨”时，我们已经失去了与蓝色的直接联系。

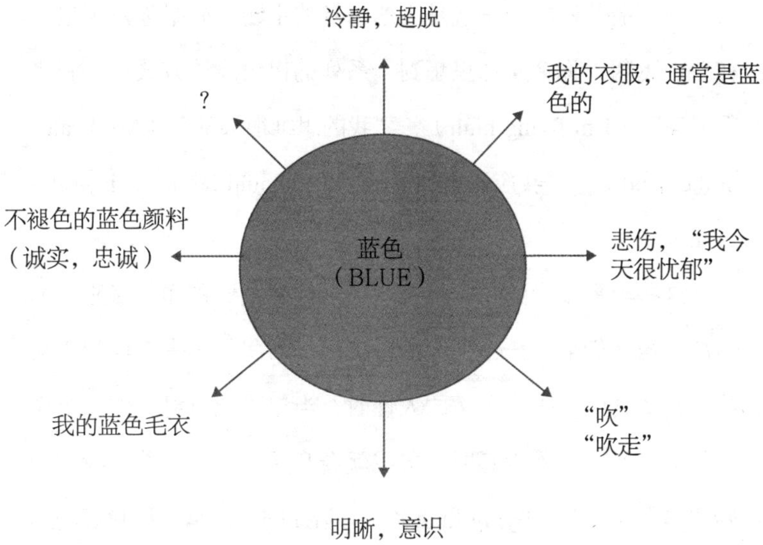

正确的方法是画一个车轮，梦中的意象在轮毂内，联想从中间辐射出去，就像辐条从中心辐射出去一样。所有的联想都来源于最初的意象。在进行下一个联想之前，我们应该回到车轮的中心。我认识一个女人，她一直用这种方法来释梦，分析每一个意象，把每个意象都写在车轮中心。

许多自发出现的联想都是口语。无意识常常运用象征，这些象征常常涉及口语中的句子，如“我今天很忧郁”（I’ve got the blues）。这是因为我们口语中的表达来源于古代，那时候我们语言的具体意象性更加丰富，更接近于原型。它们来自简单世俗的日常生活；因此，对于无意识来说，它们是很好的表达方式。

一个最普遍的例子就是飞翔的梦的主题。如果你发现自己在梦中飞翔，你会从那里想到一系列的口语表达方式：“我飞得很高”（I’m flying high），“我的思维很混乱”（My head’s in the hand），“我应该更加实际”（I should be more down-to-earth）。

这些丰富多彩的句子都表达了一种被我们称作“膨胀”的情况。当我们陷入一个强大的系统时，当我们迷失在理想主义或抽象概念中，失去平常的人性时，当自我把自己看作一个原型，失去所有的限制感时，自我就会开始膨胀。接着，我们开始“飞得很高”（flying high），而治疗的方法是“让我们的脚回到地面上”（get our feet back on the ground）。

同样地，当一个梦说某人正“吞云吐雾”（blowing smoke）或“夸夸其谈”（full of hot air）时，我们马上就能意识到这个梦要表达什么。如果你的梦中出现了一块宝石，你也许会问这个梦在表达你的哪一方面“就像一块宝石”。另一方面，如果梦说“他是一头蠢驴”，我们同样也会考虑也许这句话也可以用在自己身上！

运用“命中”法

我们面对的问题是：怎样从中选出一个合适的联想？哪一个联想能够让我们进行正确的解析呢？

对此，荣格有一个看似简单的回答。他说，其中有一个联想会“命中”！当你浏览自己的联想时，其中一个会激起你心中的许多能量。你将发现它与你梦中的其他象征相当吻合。或者，你会感觉到你内心的伤口和迷茫被触到了。你也许会发现这个联想让你看到自己内心的一些东西，而这些东西你以前从未注意过。那个时候，一种确信感从你内心深处的某个地方油然而生：就是它。它“命中”了。

虽然这种方法看似过于简单，但它是可靠的。请记住梦由能量所产生。寻找梦中象征实质的一个办法就是找到能量的所在——找出带来能量的联想。每个象征的目的都在于唤醒我们，使我们了解真相。它与无意识深层的能量系统有机地联系在一起。当你与非常接近能量源头的事物联结时，就会火花四溅。这就好像你碰到了通电的电线一般。你本能地感觉到自己触及了梦境背后的能量：这个联想“命中”了。

有时候，我们最初并不十分清楚哪一个联想最准确或更有助于你理解自己的梦。在这种情况下，你最好先不理会它，看看下一个象征再说。不要让自己受到限制，认为一个象征只有一个意义；开放思想，直到你把整个梦都融会贯通。让你对象征的理解自然地在你心中成长，不要操之过急，也不要急于得出结论。

释梦案例：教堂

下面就是进行联想的例子，包括一个梦和一些实际的联想。在释梦期间，做梦者把这些联想记录在她的笔记本上。由于时间和篇幅的限制，我只转录了她梦中的一些意象和对它们进行的部分联想。

做这个梦的女人来自意大利的一个天主教家庭。当她长大成人后，她发现自己抗拒她的拉丁文化背景和儿时的宗教信仰。她开始涉足冥想。这个梦显示她回归了自己的文化根基，但它们不同于她童年时期的版本。这告诉她，她可以在她的自我中把东西方结合起来，这才是她真实的性格。下面是她的梦：

教堂之梦

我身处一个教堂的房间或密室中。铁栏杆把我与其他人和教堂的其他部分隔开。弥撒开始了。我独自在自己的小房间里。我盘腿而坐，坐禅的样子，但是手中却拿着我的念珠。我透过铁栏杆听到低沉的回音。这些声音很平静。我闭上眼睛，虽然没有实际的人和物进入我的小房间，但我还是接受了圣餐。弥撒结束了。我发现花儿在我房间的一角绽放。我感到内心深处非常宁静。

第一步：我的联想

教堂：宗教生活；正式的宗教生活；社团，我儿时的宗教信念；牺牲，意大利和西班牙中世纪的教堂；与世隔绝；我差点在那儿出家的佛教寺庙。

房间/密室：容器；子宫；生活形式的基本组成部分；保护；与集体隔绝；个性化；必须独自走的路；不被集体认同和安慰。

弥撒：En masse（全体的，一同的）=宗教体验的集体形式；特定集体的宗教形式；我离开自己的形式。不被卷入=需要参与宗教体验，然而不被集体认同，徒有其表的内在体验。

圣餐：最后的晚餐，基督的牺牲，圣礼，我一直讨厌的那首圣歌；在三小时的斋戒中虚弱不堪；神秘契合；与某人成为一体=合体；圣餐变体论=转化；来自非物质的形式=必须在内心中体验，向内的，而不是集体的。

坐禅：练习一动不动；与最初的体验有相似的感觉，如回家；无教条的实践；去体验而不是被说教；与我最初受的教育不同；当我感到我不能“属于”禅宗集体时内心的悲哀；我不得不对它说不的禅院。

铁栏杆：隔离；部分隔离；与集体世界互动，但这种互动被分化了；单独的身份；分离的意识。

以上内容给我们提供了丰富的材料。当我们真正地聚焦在梦的意象上，寻找出现在脑海中的每一个联想时，这些内容就会自发地从无意识中流淌出来。尽管我们还没有看完所有的意象，但我们已经掌握了所有这些材料。

如果现在你已经仔细地看过这个女人的联想，你也许已经看到意象与各种联想之间形成的基本关系，这些意象和联想似乎是琴不离瑟，瑟不离琴。你将看到这些联想最后是怎样帮助她进行释梦的。

这个梦建议做梦者有权利，也有必要成为一个个体。这个梦强调的是她游离在自己的本性之外；她不得不参与宗教仪式，却不能通过认同一个特定的外部、集体宗教形式来参与。在梦中，她参与弥撒，但她仍然与团体和团体形式的宗教体验相分离。这并不是因为她高人一等，而是因为那就是她的天性和她要走的路。

不经过任何实际接触就接受圣餐的细节与她对自己的梦的理解一致。她不得不体验这种转化，但是她又不得不在内心，通过自己独特的方式来体验。她的这种体验方式不是一种集体的、文化的形式。在她的联想中，她还记起她曾考虑过在一家佛教寺庙出家，以便能够加入一个团体，找到归属，遵循一种集体的方式。但她这种愿望不能在佛教里得以实现，就像她不能在基督教里实现一样。

她不得不产生新的认识。这种新认识能够让她参与其中，并看到文化和集体形式中心的本质精神。她可以存在于团体中，然而却不会被吞食。她可以参与，然而她依然是一个个体，有自己独特的行事方式。

弥撒结束后，她看到的小房间里盛开的花朵是新生活和新意识的象征，来源于她在梦中对儿时宗教信仰和成年后精神体验的整合。更准确地说，花朵表达了整合本身。这一象征指向原型——自性——它通过揭示它们背后的核心实相而超越了对立面，并用这种方法将其联合。

花朵并不只是女性的象征，它也是统一的自性。这位做梦者通过静坐的方法，让自性的花朵在自己的生命中绽放。她找到了精神的普遍核心，它既存在于她基督教的根源中，也存在于她禅意的体验中——它超越了两者，与两者的外在形式都不一致。

在做了这个梦之后，这个女人身上发生了一些重要的事。当我们阐述释梦的第四步时，也就是用一个仪式来表现梦的意义时，我们将再次提到这个“教堂之梦”。这个做梦者为她的梦所做的仪式，以及此后发生的事，都很有启发性。

运用原型放大

要找出梦中意象的联想还有另一个方法：原型放大。从根本上说，这是一种收集关于原型的信息的过程。这些原型以诸如神话、童话和古老宗教习俗的形式出现在我们的梦中。

我已经给出了一个“教堂之梦”的简单例子。我不自觉地把这个女人房间里出现的花朵看作自性原型的象征。反过来，这让我们嵌入其他关于自性的信息之中。这些信息早已被我们了解：它拥有卓越的功能，这些功能将对立面进行结合，把我们总体性的各个碎片纳入一个统一体之中。当然，所有这一切大大加强了我们对梦的意义和力量的感受。

荣格发现相同的原始象征不但出现在古代神话和宗教中，也出现在现代人的梦中，这时他开始意识到原型的存在。他惊奇地发现意象出现在人们的梦中，涉及一些非常古老的象征。它们也许来自一种完全不同的文化，这种文化不可能被做梦者的意识感知。根据这种体验，他看到我们的梦吸取了普遍、原始的元素，这种元素深藏在所有人类共有的集体无意识中。我们常常可以更清楚地看到，当我们在神话中、宗教中和其他古老的资料中与这些象征不期而遇时，正如荣格所经历的，我们梦中的象征是怎样与这些普遍的能量流产生关联的。

我们可以探寻会出现原型的神话，并找到集体的联想。人类作为一个整体以这些集体联想为原型。我们可以在神话中读到我们身上所有的特征，它们都包含在原型中，与它的象征发生了关联。

荣格说过神话和童话都是无意识的象征表现，梦也是一样。从某种意义上说，神话和童话是人类共同的梦：它们反映的不是区域性的、某一个体的个体无意识，而是一个部落、一个民族或一种文化的集体无意识。因此，它们是原型信息的丰富来源。它们回到了前意识时代，那时，人类更接近原型的根源。我们也许也会把深奥的哲学传统看作关于原型的信息来源。

出现在你梦中的原型是一种普遍的特性，是存在于每个人身上的一种能量流。因为原型具有普遍意义，所以它的意象也是如此。每个原型都想通过它自己特有的象征性来表达自己。

比如，智慧老人的意象在所有的文化和种族中都存在。他的意象在每个神话和文化中各不相同。但是，一旦你学会识别他，你不但能在印度教徒的梦中见到他，而且还能在西方人的梦中看到他。

他可能以圣彼得的形象出现，手举通往天堂的钥匙。荣格就曾做过这样的梦。他可能化身为圣父，如米开朗琪罗在西斯廷教堂屋顶上画出的场景；他在佛教徒的梦中以龟仙人（大师）或菩萨（神人）的形象出现；他在印度教教徒中以古鲁或行者（禁欲的圣人）的形象出现。

智慧老人的象征中有一种共同的特性——超越年代的智慧感和超脱时间的不朽感。我们在托尔金（Tolkine）[①]笔下的现代神话中找到了他：

他的头发和暮光的影子一样漆黑，在它之上有一圈银色；他的眼睛灰得如同清澈的夜晚，眼中发出星星一般的光芒。他像国王一样庄严，头戴冬季的皇冠，然而又像一位千锤百炼的勇士，浑身充满了力量……（Tolkine，*Fellowship of the Ring*，

---

①托尔金：英国作家、诗人、语言学家，代表作有《霍比特人》《魔戒》等。——译注

p. 299）

原型放大开始于意识到一个原型进入某人的梦中。包含原型的梦通常都很神秘。这个梦中出现的场景不同于日常的世界，梦把你带到一个让人感觉古老的地方，来自另一个时代，或者像置身于童话中。你会发现自己身处一个传说中的地方，如充斥着神怪、魔毯和魔法师的巴格达。另一个迹象是梦中的事物比现实生活中的事物更大或更小。原型也许会以另一个世界中的动物来表现自己：会说话的狮子、鹰首狮、龙或飞马。

原型人物通常笼罩着高贵或神圣的光环。古希腊人把原型拟人化为诸神，这些神通过造就命运或塑造男女英雄来创造这个世界。

人性中的大母神特性以众女神的意象出现，如阿芙罗狄忒（爱欲的女神）、赫拉（主管婚姻和家庭的女神）、德墨忒尔（司农女神）。再看一看印度教，我们会发现大母神被人格化为时母（Kali），她法力广大，既能造福万物，又能毁灭生灵，在自然界的永恒轮回中握有生杀大权。

这些伟大的原型出现在普通人的梦中。我们每个人都是一条通道，这些原型力量必须借由这些通道才能成为具体的存在。我们用肉身生命来实体化这些原型。我们个体的生命是容器，在这些容器中，它们现身于这个世界上。这个世界是它们的战场，它们在这个战场上进行着永不停歇的宇宙战争；这个世界是它们的舞台，在这个舞台上，它们表演着普世的戏剧。这个戏剧，以某种特殊的形式，变成了每个人的生活。

一旦我们意识到一个人物是一种原型，那么，下一步我们应该进入有相同原型的神话和其他的源头中。你梦中的人或事可能会引发一段记忆，或者让你想起亚瑟王时代的一个伟大故事。你深入这个源头，看看在你梦中出现的那个伟人原型想告诉你什么。它的特点是什么？它在人类生活中扮演怎样的角色？比如说，如果它就是大母神，那你可以探寻希腊神话中人格化的女神，你也可以探寻时母、圣母玛利亚的不同形象。

当你放大梦中人物的信息时，你就在继续着你的个人联想。写下你心中这些来自神话源头的联想。如果它们能够激发你心中的能量，如果它们的存在是合乎情理的，那就试着找出它们。看看它们会说你有着什么样的身份，你心中的哪些力量正发挥着作用。

运用个人联想

此刻，你切忌使用所谓的释梦书籍和象征辞典来代替你自己的个人联想。

每一次人们想要找出一个梦的意义时，许多人都会不经思考地去查看象征词典。他们查找梦中所有象征的词条，写下词典提供的标准解释，然后确信他们已经完成“释梦”。如果你运用的是这种方法，你将永远不能理解你的梦对你的个别、特殊的意义。

这些方法源于一种错误的假设：每种象征都有一个标准的含义，这种含义对每个梦和每个人来说都是真实的。如果事实真是这样，那么事情确实要简单得多，然而事实并非如此。

> 人们通常会愚蠢地相信现成的、规律性的释梦指南，好像一个人简单地买下一本参考书就可以查到每一种特殊的象征。没有任何一种梦的象征可以和做梦的个体分开……每一个体无意识地补充或补偿意识的方式都不同，因此我们不可能确定能在多大程度上将梦和它们的象征分开……
>
> 确实存在典型的和经常出现的梦和单一的象征（我喜欢称它们为“主题”）。这些主题包括下落、飞翔……使劲奔跑却一动不动……但是我必须再一次强调，必须结合梦本身的背景来思考这些主题，因为它们不是一目了然的暗码。（Jung，*Man and His Symbols*，p. 53）

你每个梦中的象征都有专属于你的特殊、个别的内涵，正如这个梦从根本上专属于你一样。就算这个象征有一种共通、普遍的含义，它仍然带有你个人的色彩。只有你才能做出充分的解释。

这就是你需要充分完成第一步的重要原因。找出你自己的联想，这些联想都来自你的无意识。不要让标准化的解析取代它。

当我们进行原型放大时，这点建议尤为重要。人们可能过分投入于寻找神话的联系，而忘记了他们同样也有对这些象征的个人联想。这时，人们很可能会抵挡不住强烈的诱惑，去寻求象征词典的帮助，找出神话中象征的意义，并止步于此。

如果不找出自己与这个原型的个人联系，那么所有这一切都是无的放矢。这种原型存在于我们心中，作用于我们，贯穿于我们的生活中。当它出现在我们的梦中时，这意味着自我与这种原型之间正有事情发生，有事情正在试图演化。我们不得不将它弄清楚，找出它与我们自己的生活、与现在、与今天的联系。

我们会说："啊！那是大母神的象征！"但这是不够的。为梦中出现的事物贴上一张抽象的标签——大母神、阿尼玛、阴影——然后转身离开，是不够的。我们不得不向前走。我们不得不问："今天这个原型在我的个人生活中发挥了什么作用？它对我起到了什么不可避免的作用，仅对我个人而言？"

严格地说，没有人一定要研究神话、比较宗教学和炼金术等才能找出象征在普遍层面上的含义。当无意识使用一种象征时，它本身就已经包含了这种象征的含义。它已经了解了这种象征的含义。因此，如果你寻找梦中意象的个人联想，或早或晚，无意识都会产生适用于它们的原型联系。

然而，了解这种象征对他人的意义，以及它怎样出现在集体神话和民间故事中还是会大有裨益。这种知识可以缩短释梦的进程。它同样也可以确证你自发蹦出的个人联想。

第九章　第二步：联结动力系统

在第二步中，我们将把梦中的每个意象与我们内在生活中的一种特殊动力联系起来。我们将定义以意象形式出现在梦中的这部分内在自己。

建立这种联结的原因是基础性的：我们需要找出我们心中到底发生了什么，而梦中的场景正好代表了发生的事。如果我们不能够把这个梦与特殊的事件、情感或我们生活中的其他动力联系起来，这个梦将失去意义。它会沦为单纯的娱乐。

要进行这一步，我们必须回到最初阶段，逐一地处理每一个意象。我们问每一个意象："那是我的哪一部分？最近它在我生活中的什么地方发挥着作用？我在自己人格的哪一方面看到自己有相同特质？它是谁？在我的心中，谁像它那样感受或行动？"然后，写下你能想到的每一个例子，在这些例子中，内在那部分你在生活中表达着它自己。

我们借由"内部动力"来表达你所有的内心活动，以及在你内在起作用的所有能量系统。它可能是一种情绪，如突如其来的愤怒。它可能是一种影响你的内心冲突、一个通过你发挥作用的内在人格，也可能是一种情感、一种态度，一种心境。

假设我们正在分析那个出现“蓝色”一词的梦。你写下关于这个词的所有联想，“命中”的联想是“抑郁”——心情不佳，表现出“忧郁”。现在，在第二步中，你寻找自己心中的“蓝色”特征：“我身上的蓝色特征在哪里？我哪里是蓝色的？我心中哪一处曾被抑制？”下列答案可能会涌入你的脑海：“我在工作时感到抑郁。”用这种方式向自己提问，你可以看到这个意象是怎样与真实的那部分你产生关联的。

通常情况下，我们不会意识到抑郁占据了我们的内心。我们太忙了，根本没空关注内在发生了什么。在另外的例子中，一些好的东西正在内心发展——一种新力量的出现、一个创伤的愈合、一种长期恐惧的消失——我们也没有留意到。我们不得不问自己：“根据这个梦的表述，我的内在发生了什么？”然后，我们就会认识到我们内在生活所选择的道路。

我们必须找出心底最深处的具体内心事件。我们也需要找到“具体的例子”。如果我们没有找到生活中与梦中事件相关联的确切例子，这个步骤就没有结束。

同样，我们需要坚持记录。基督教教堂中有一项旧传统，如果嘴唇不动就不算祈祷。这个观念传达了一个心理学上的真理：必须有身体上的行动。这也是在纸上写下你的例子会如此重要的原因。当你如实地写下这些例子时，你与梦之间的联系会变得清晰和明朗。

梦是内心写照

在释梦的这个阶段，我们总会面临着这样的问题：这个梦说明的是某人的内在生活，还是他的外部情况。有时我们会问自己，这个梦是否是在“内在”发生的。

大多数的梦都是做梦者内心想法的写照。梦通常涉及我们内在力量的演化、内心价值观和观念的冲突、不同的无意识能量系统。这些能量系统想要人们听到自己的声音，想找到方法进入我们的意识生活。

从根本上说，梦的整体主题是个性化的内在过程。或多或少地，大多数的梦是我们个体通往完整性的写照。它们向我们展示了这条路途中的不同阶段——冒险、阻碍、冲突与和谐，它们最终会引导我们找到自我感。从某种意义上讲，每一个梦或展示了无意识中某部分自己与意识的整合，或展示了我们对内在自己的阻抗。这是我们的梦最基本的主题，也是我们应当在梦中寻找的。

最初，许多人发现他们很难相信有一个完整的内在世界，这个内心世界存在于我们心中，与外部世界平行；对另一些人来说，他们很难看到我们的梦大多与内心世界紧密相连。我们的文化教会我们要聚焦于外部世界，因此我们得出结论，我们的梦谈论的是外部世界的事物。这是我们面临的一种集体偏见：我们自发地假设只有外部世界才是重要的。

只有当我们开始意识到我们的每一个行为、我们的每一个反应、我们的每一个决定、我们的每一段关系几乎最终都源于我们的内在特质和动力时，内心世界的真正意义才会变得更清晰。强大的能量系统控制着一切，它是我们的内在动力，决定了我们的大多数思想和行为。

只有当你把梦看作无意识动力在你心中的反映时，你才最有可能找出事情的核心。然而，如果你只把梦应用于外部层面，它通常会显得无关痛痒。只有把梦应用于内心层面，你才可以最大限度地改变自己的生活模式。梦的目标通常是直指内心的。

有一些梦——它们偶尔会出现——指向做梦者的外部，与他的内在生活没有直接的关系。有时候，人们会在战争爆发之前梦到大战或灾难的发生。有时候，一个人会梦到远方的朋友或亲戚发生了不测，后来证实事情的确如此。然而，作为一种普遍规律，梦中的象征适用于做梦者自己的内部生活。因此，你的释梦最好从这个假设开始。

我记得曾经有一个病人来找我。他做了一个梦，在这个梦中，他的朋友疯狂地开着车，撞上了一幢建筑物。他害怕这个梦预示着一场车祸，所以犹豫着要不要向朋友发出警示。我告诉他，最有可能的情况是这个梦通过他朋友的意象来象征他自己的自我膨胀——失控的冲动、“权力炫耀”，或即将失控的热情。同时，为了防患于未然，我建议他不要搭乘他朋友的车，这个朋友太喜欢超速行驶了。

正如后来所呈现的一样，我们的分析是正确的。这位做梦者获得了一份新工作，他开始感到自己是大人物，头脑不再清醒，开始“炫耀权力”。幸运的是，自从这个梦发出警告之后，他发现了自我的膨胀，并在情况恶化之前采取了控制措施。至于梦中那个出车祸的朋友——他仍然像疯子一样开着车四处游荡。

经过多年的研究，我觉得解决这个问题最好的办法如下：开始阶段总是把你的梦用于内心。假设你的梦代表了一种内在动力，并以此作为释梦的基础。之后，如果你的梦的确显示它指向的是外部情况，你可以再对分析做出相应的调整。

我们有充分的理由采用这种方法。首先，正如我们曾经提到过的，大多数梦都指向做梦者内心发生的事。因此，以此种假设为起点更为合理。否则，你有可能会错失梦传达的主要含义。

其次，我们不得不克服更喜欢关注外部世界的集体偏见。我们唯一能做的便是强迫我们自己，按部就班地寻找梦的内在含义。一旦我们开始把梦应用于我们的外部生活，我们就会迷失，只会关注我们认识的人和我们所处的环境；我们将不能再去探索真正的主题：产生外在情境的内在情境。

就算我们的梦直接地反映了外部情境的一些情况，我们也应该假设这涉及一种内部动力。通过某种方式，你与他人或外部情况的关系正受到一些侵袭你的幻想、操控着你的内心态度和你内心中的信念和理想的影响。

除非你能够认识影响外部情境的内部心理模式，否则试图理解这种外部情境就是浪费时间。这些内部心理模式通常才是你的梦所指向的。

同样，人们通常会对这件事感到迷惑，因为无意识习惯于借助来自外部情境的意象来象征做梦者内心中正在发生的事。你的梦可能借用了隔壁邻居、配偶或父母的意象，并运用这些意象来指代你内心的某件事。

为了更好地说明问题，让我们假设有一个异常偏颇和固执己见的男人。一天晚上，他做了一个梦，他妻子的意象出现在这个梦中，试图就他的一些态度问题和他争论。他的妻子碰巧是一个思想开通的人，她灵活，喜欢刨根问底，对他人的观点感到好奇。在这种情况下，这个梦很可能是借助他妻子的意象告诉他，他不应该这样固执，这样保守，应该对新想法更开放。这种能力是对他内在女性面的认同，因此他的无意识在梦中选择了他妻子的意象来代表它。通过将他妻子作为象征，这个梦试图让他认识到自己内在的潜力。

作为自然反应，他会想："既然梦中出现的是我的妻子，那么很显然谈论的是我的妻子或我与妻子的关系。"但是，实际情况绝非如此。这个梦很可能是借用妻子的意象来代表做梦者身上的某种特性、某种冲突或他内心发生的事，这些事与他现实生活中的妻子几乎没有直接的关系。

在这种情况下，做梦者需要明白几个问题：首先，他需要看到他有一个内在的妻子。她与他生活中的妻子完全不同，她生活在他的内心世界中，是他的一部分。然后，他应该停止因为与内在妻子的冲突而指责生活中的妻子——这实际上是他自己内心的冲突。最后，他需要认真地对待他的内在妻子——他内在的女性。他需要努力理解她所代表的是自己的哪一部分，以及她想与他交流的是什么。

这也许是释梦中唯一的最重要的原则——它决定了你是否会找出梦中的智慧。我们不得不意识到梦是错综复杂的象征，每一种意象都代表着我们自己心中正在发生的事。

有时候，我们很想采纳意象的表面意义，特别是当你与梦中出现的人物有冲突时。我们以梦为借口，指责这个人，或者证明自己有多么正确。但是如果我们抵御住了这种诱惑，并寻找出我们在梦中用象征手法表现出来的内在特性时，我们将了解自己的令人惊异之处，反之，我们将什么也看不到。

把意象与具体特点联系起来

要把一个具体意象和自己联系起来，最立竿见影和实用的方法是询问你与这个意象有哪些共同的特质：你梦中的人物有哪些主要特点？你怎样描述他或她的性格和人格？你发现自己身上的哪个地方具有相同的特质？

如果这个意象是一个愤怒的人，那么你在哪里发现了自己这种愤怒的特性？如果这个意象是无忧无虑的，你又在哪里发现了自己的这种特点？

我们所有人都拥有一系列的基本性格，它们来源于我们的人格：这些基本点包括我们的情感、信仰体系、态度、行为模式和我们遵循的价值观。所有这些特质都会出现在我们的梦中，而且在我们的努力之下，它们是可以被识别的。

每一个梦都是做梦者的写照。你可以把你的梦想象成一面反映你内在性格——你自己没有完全了解到的那部分人格——的镜子。一旦理解了这一点，我们就可以看到在梦中反映出的每个特质不得不存在于我们的心中，存在于某个地方，无论我们是否意识到或承认它的存在。无论梦中的人物拥有怎样的特征，无论他们做出怎样的行为，从某种程度上说，都是做梦者真实的写照。

需要说明的是，我并不是说梦中展现的特质或行为和现实完全一样。梦通常用一种极端的方式来表现：它们试图用极端和夸张的意象来勾画我们没有觉知到的特质，以此做出补偿。

比如，如果你的梦中出现了一个小偷，我们并不能按这个梦的表面意思把你当作一个小偷。这个梦用夸张的意象引起你的注意，告诉你需要认识内在的自己。它也许表示从某种程度上说，你一直对自己不够诚实。如果是这样，你需要去感知它，处理它。但是这个小偷的意象同样也可能表示你制约了自己某些优秀的品质，“把它关在”你的生活之外。它唯一回归你生命的办法就是“破门而入”，像一个窃贼一样。

因为我们常常压抑自己最好的一面，把它们当作“负性”品质，所以自己一些最珍贵的部分也只能用强迫症和神经症的形式来“偷窃”我们的时间和精力，从而参与到我们的生活中来，悄悄地溜入我们不设防的区域。只有在那里我们才会放松警惕：

> 到时候，兄弟们，我没有必要给你们写信。因为你们自己全然了解真实的内在化身为一个小偷在晚上出没的日子。（Paul，*To the Thessalonians*）

我们的自我把这个世界分为正与反、好与坏。我们把大部分阴影当作“反面”品质，可是如果我们将它们纳入意识之中，它们实际上就是宝贵的力量。那些看似邪恶、野蛮和令人尴尬的特质是宝贵能量的“另一面”，一种我们可以加以运用的能力。当你把无意识中的东西纳入意识之中，将它们带入正确的层面时，你会发现没有任何东西是无用和不好的。

你的哪一部分藏在这个象征的后面，是这个小偷吗？也许他是一个充满活力的魔术师，才华横溢，令人称奇。也许他是一个少年犯，你从来不允许他成长，把他的英雄冲动限制在实际和成熟的事物上。也许他是狄俄尼索斯，不得不藏身于无意识之中，因为在你有目的的生活中没有他狂热和抒情精神的自然栖息地。

如果它出现在你的梦中，只有你能够说出这一象征代表你的哪一部分——因为这是你自己的无意识，只有它才能提供线索。但是你可以肯定，如果你让它占有一席之地，聆听它不得不说出的话，你会发现它是你内在自己宝贵的一部分。

奇怪的是，人们总是拒绝这些优秀的品质，比起人们抗拒自己的不良品质时还要过之而无不及。你梦中也许出现过一个人物，行事高尚又无畏。因为那个内在人物是你的一部分，这种品质也是你所具有的。既然你能诚实地面对自己不好的或不成熟的特质，你也有义务承认自己的好品质，将它们纳入意识中来。

审视信仰、态度和价值观

我们的梦会时不时向我们提及我们的信仰和态度。它们非常重要，因为它们在很大程度上决定了我们的行为、我们与他人的关系，以及我们在大多数情况下的反应。虽然我们并没有意识到我们的态度系统是无意识的，但大多数人还是了解信仰在很大程度上控制着我们的行为。

没有人能够决定他或她最初的信仰和态度。我们生命形成之初已经有了一系列的态度，这些态度由外部世界——家庭、宗族或社会——赋予我们。通常情况下，我们不知道我们已经拥有了它们。如果我们有意识地将其当作我们的信仰，就会假设它们是正确的，我们很少会质疑它们。

在某个时间点，我们的梦开始向它们发起挑战，把它们指出来，因为内心成长过程要求我们有意识地检查每一件能够促成我们行动的事物。如果你仔细审视自己梦中出现的信仰体系，你也许会找到一个崇尚权力的独裁者、一个伟大的将军、一个圣人或一位英雄人物，他带着一套与该信仰完全相应的态度生活在你的心中。当这种意象出现时，你应该询问自己："这个人物是遵照什么信仰、什么观点运作的呢？我是否也不知不觉地持有这种观点，而自己却没有意识到呢？"

"拿破仑"意象也许代表一套特定的信仰、对现实本质的看法。“甘地”意象象征着对生活、人类和权力完全不同的一种态度。你也许会发现两者共存于你的心中。

一个热爱自由的年轻人相信他对世俗权力没有兴趣，只关心造福于穷苦大众。在他获得职业资格证书的那一天，他做了下面的梦：

推销之梦

我去到约定的地方，发现这里是一个二手车停车场。我站在人行道上。忽然，理查德·尼克松走了过来。他看起来像一个销售员。他拍着我的背说：“好的！让我们来点刺激的！如果你想成为真正的专业人士，你必须从操纵人们的基本招数学起，学着积极地思考。穿上西装，努力进入角色，把握角色的心理，大胆地走出来推销自己，这才是成功之道。”

对于做梦者而言，这个梦极具讽刺性，这也是梦常常会出现的情况。在他能够意识到的态度中，他不喜欢政治家，不喜欢那些手握世俗权力或运用“激励技巧”、热衷于通过强行推销控制他人的人。但是在这里，在他的梦中，他发现他不但有着潜藏的权力驱力，而且有一整套秘密的信仰体系。虽然他自己没有意识到这一点，但他暗地里希望，或者一部分的他希望“走在前面”，追逐世俗权力的廉价版本，运用麦迪逊大街天花乱坠的广告宣传和操纵的魔力达到自己的目的。

这个梦要表达的内容并不神秘。梦中的人物详细描述了他赞同的态度，这让做梦者相当懊恼。这样的梦令人尴尬，但对做梦者来说同样具有无法估量的价值。在公开承认的理念的伪装之下，对自己的真实了解千金难买。这个梦让你能够做出清醒、合乎道德标准的选择——对梦中所表达出来的态度，要么接受，要么拒绝，或者，最好将两者明智地结合起来。

在实践中，自我的意识态度和内在的自己的无意识态度都不是最终的答案。对于你的性格来说，真实的态度存在于两者之间的某个地方。实际上，如果你的无意识态度看起来言过其实，那么这通常意味着无意识正在弥补一种与之程度相当的不平衡，即被夸大的自我。

当你的自我变得极端，偏离你真实的性格中心时，这是一种你可以了解真相的方法。你将发现在无意识中也有这样一个被夸大的部分，与你的自我相对应。无意识态度与自我态度对中心的偏离程度完全相同。当自我态度变得更适度时，无意识态度也会向中心靠近。

在最后这个梦的例子中，做梦者迷失在光荣的理想主义之中。他完全没有考虑过现实性，或者他的谋生手段。无意识的反应是制造出一个纯粹、贪婪的物质主义作为补偿态度。当他把自己的理想主义降低到一个更实际的水平时，他发现潜藏的权力驱力也不再那么夸张了。

梦同样论及我们的价值观：我们关于什么是好的、有吸引力的、美丽的、真实的、道德的或高尚的感受。从根本上说，我们的价值观是我们在生活中急于寻找到的品质，赋予我们生命意义感的标准。我们的价值观表达的是对我们来说最崇高和最重要的东西。

我们所有人都有许多价值体系，它们共存于我们心中，从某种程度上说，它们是相互冲突的。我的自我可能觉得独自工作是有效的，浪费时间是不道德的；然而另一部分我却有另一套不同的价值观。它想要参加聚会，对它来说最开心的事是去热带岛屿游玩。我的自我把节俭和实用看得高于一切，但是另一部分我觉得如果不买一件昂贵的新西装或一辆豪车，我就会生不如死。

我从一种非常强大的方法中学到了这一点，这个方法来自一个短小的、看似不重要的梦。许多年前，当我第一次作为心理医生开始工作时，我做了这个梦：

我正从一台自动售货机中偷一份报纸。我忽然意识到自己正在做什么，所以感到很内疚。

在这个场景中，我的自我具有一套特有的价值观，但是随后我发现另一种价值体系控制了我的另一部分。就意识层面来讲，我不接受偷窃——就算是偷报纸也不行，那时候一份报纸只要五分钱。然而，这个梦却当面控诉我：“你是个坏蛋！你的一部分想要偷窃！”

我该怎么办呢？这个梦让我既震惊又内疚。我试图找出我生命中的哪个部分在不自觉地进行偷窃。最后，我忽然意识到应该仔细地观察梦中的其他细节。这份报纸是怎么回事呢？

我反复斟酌。这份报纸代表什么呢？对我来说，它代表大家口中的陈词滥调、大众的观点、流言蜚语和丑闻，它们被作为新闻和宣传资料收集起来。我看到自己在窃取很差劲的东西，至少我的无意识是这样认为的。这个梦反对的不但是偷窃这一行为，更是我偷窃的内容。

最后，我找到了其中的联系：那时候，我刚开始自己的职业生涯，我非常不自信。我非常渴望权威人士的认同，也试图融入每个团队和派系，这可能会给我带来归属感或者让我感到自己是“有用的人”。我听取所有的大众观点、大家认可的陈词滥调，以及在这些人中流传的流言蜚语。我人云亦云。有时候我重复着这些话，好像它们是我的信息、我的结论、我的观点。

我正在“偷窃”所有这些大众的废话，因为我没有自己去思考；我从别人那里拿走它，不花钱，表现得好像它是我自己的东西。我没有花精力得出自己的观点，也不敢自己思考，因为我太需要归属感了。从这种意义上说，我正在“偷窃”大量的垃圾，而最重要的是这些垃圾根本不值得拥有。

这不是一种寻常的偷窃：当人们想要融入某个团体时，大多数人都这样做过。然而我的无意识提出了抗议，并借助这个梦往我的脸上泼冷水。从心理上说，它唤醒了我。

这个梦是一个很好的例子，它告诉我们，我们应当把释梦的每个步骤都做到位。我们需要分析每一个意象，不应该漏掉任何一个细节。我们不知道哪一个细节可能会起到关键作用，从而揭开这个梦最深层的含义。我花了整整一周时间反复思考这个梦，最后才意识到应该问自己“报纸”对我来说到底象征了什么。

行为模式是梦中出现的最重要的个人特质之一。我们的行为，和我们的价值观一样，来自内心。大多数时候，我们不是非常清楚自己在做什么，或者我们为什么要这样做。我们的行为产生于我们的价值观，产生于我们前面讨论过的那些内在信仰和态度。要发现你真正相信什么，你真正的价值观是什么，一个最好的办法就是观察你自己的行为。

比如，你也许“认为”你主张存钱。如果被问及这个问题，大多数人会这样回答。然而，在真正的实践中，如果你花光了所有的钱，一个子儿也不剩，那就说明另一种完全不同的信仰、一种不同的价值系统控制着你，和你自己说的不是一回事。

梦精确地报告了无意识的行为模式。如果我固执又好斗，那么我的梦最终会向我显示一个好斗的梦中人物。我的梦会让我知道，我应该怎样回应他人。如果我在应该说“不”的时候还一直对每个人都点头称是，我的梦可能会向我展示一个这样的人。他陷入的困境与我自己时常身处的困境惊人地相似。

因此，当你在梦中看到一种行为模式时，请在你自己的日常生活中认真地寻找。你一定会在某处发现它的存在，在你行为的背后，你将发现一种态度。

定位内在人格

联结你各个内在部分的好办法是把每个梦中人物都看作一个实实在在的人，这些人就生活在你的心中。你把梦中的每一个人都看作独立存在的人格，它们共存于你的心中，并联合起来组成完整的你。

然后，问题就变成了这样：“最近我在自己生活中的什么地方看到过梦中出现的这个人？我在自己生活中的什么地方见到她（如果她是一个女人的话）做着与梦中相同的事？我的哪一部分像那样去感受，像那样去思考，像那样去行动？”

如果她在梦中带来了冲突，那么你试着找出自己人格中存在冲突和叛逆情绪的那一部分。如果她在梦中寻找关系和感情，那么你找出自己人格中一直在寻求友谊、爱心和爱情的部分。如果她把你从水沟之中拉出来，正如下面第三步中将要提到的那个目光明亮的女孩一样，那么看看最近你生活中的一些力量、一些兴趣、一些洞察力在哪些地方把你从水沟中拉了出来。

当你仔细审视你的梦中人物时，你也许会看到，他或她是基本人格结构的表现之一，是基础的能量系统之一。正是它们构建了心灵。如果你是一个女人，你梦中的那个女人也许与阴影的描述分毫不差，或者如果你是一个男人，她又与阿尼玛相吻合。这一发现将为你提供一些额外的线索，告诉你在哪个地方有望发现这个内在人物在你的生活中发挥着作用。

然而，如果一个男人发现梦中人是他的阿尼玛，他不应该止步于此。他必须找出“她”具体活跃在他生活中的什么地方。他必须找出他感受到的情感、占据他的各种幻想、他所处的心境，以及与内在世界的交战——不管那是什么，都确切地展示了他生活中一直发生的、他与灵魂女性的联系。

草率地下结论是不对的。在不能完全确定的情况下把你的内在人物称为“阿尼玛”或“阴影”，或任意一种这样的术语，也是不对的。虽然有些梦中人明显地与一种原型相吻合，但也有许多梦中人不是原型，他们只是出现在你梦中的人物。在那种情况下，请不要指鹿为马，让他们以本来面目示人。

为了找到你内在的梦中人物，进行描述是很好的开始。写出你认为他是哪一类人，这个人的主要特点和人格是什么，这个人想要做什么，对你来说又意味着什么。然后，你可以仔细看看自己人格中与描述相吻合的地方。

如果这个人没有包容心又因循守旧，那么你仔细看看自己性格中不宽容或道学气的一面。在那里，你将找出自己的梦中人物，它生活在你的心中，影响着你。

通常你的梦会给这个人取一个名字。如果没有，你可以发明一个看似符合他性格的名字。或者，你可以使用一个描述性的名字。如果他是一个男性，你就可以称其为勇士、智慧老人、老财迷、骗子、少年犯、小王子、魔术师或部落兄弟。如果她是一个女性，你也许会发现自己可以称她为智慧母亲、专制母亲、大地母亲、忠诚姐妹、灵魂女士、亮眼睛女士。如果她与神话中的角色相吻合，你也许会给她取一个神话中的名字：海伦、素手伊索尔达、桂妮薇等。

在我们开始运用心理分类和专业术语来拉开我们与他们的距离之前，如果我们能把内在人格当作人，了解他们，那真是再好不过了。比如说，如果你知道她是“英格丽德女士”，并把她当成生活在你心中的一个特别的、有趣的人，那么，比起你称她为“阿尼玛”，并把她当作一个客观的抽象事物，你会与自己的内在女性更接近。

因此，如果一个女性人物出现在一个男人的梦中，他不应该从一开始就用阿尼玛的标准文本来描述她。他必须允许她进行自我描述，把她当作独特的、个别的存在。这个人正在梦中造访他。他必须允许她拥有个性。

同样，当一个女人发现一个男性人物出现在她的梦中时，她不应该草率地说这就是她的阿尼姆斯，然后开始不自觉地使用所有与阿尼姆斯有关的原理。她应该接近这个内在人物，找出他的性格和功能，直接从他的身上了解他所提供的信息或特性，以及他在她的内心世界中扮演的角色。

识别其他内在实相

当然，梦中的意象不仅有人物，也有地点、建筑物、动物、颜色、数字、物体以及抽象的几何象征。梦中出现的意象不计其数，千奇百怪，从某种程度上说，所有这些意象都是用来象征我们内在生活之流的。

通过这样或那样的方式，你总是可以把梦中的意象勾画为扎根在你心中的事物。比如，如果它是一个地点，那么，你可以将这个地点在你的心中定位。从道德意义上讲，梦中的地点可能代表一个“站立的地方”——你需要采取的道德立场。像圣杯城堡这样的地点既代表精神意识水平，也代表你内心成长前进的目标。梦中的地点也可能代表一种情绪氛围、一系列情境或者某种势力范围。

记得我们先前提到过的蓝色房间吗？它最主要的联想便是一种情绪氛围。自我坐在一种蓝色的情绪中间。这是一种抑郁的情绪。

梦中地点最常见的作用是表明你在谁的“地盘”上，你在谁的影响之下。因此，如果你想理解一个地点的重要性，最好是询问这个地方属于谁。

古代占星学家创造了象征意义上的火星“宫位”、土星“宫位”及其他行星的“宫位”。当你进入这样一个象征性的宫位中，你便进入了一种不同的心理氛围、一种不同的能量领域。

同样，如果你发现自己在外祖母的家中，你就会明白你正受到大母神的影响。这意味着，不论好坏，当你的梦在无意识中孕育时，你就在她的控制之下。如果你正躺在她房前的水沟前，那么，这很可能意味着你正受到恋母情结的负面影响——被动和依赖。只有梦中的情景可以确切地告诉你“祖母的房子”到底意味着什么。

如果这幢房子属于你，它也许代表了你的“自我之屋”——自我意识的领域，自我为它自己建造的世界，由你的所知、所思、所信构成，并用墙壁将你与无意识隔开。如果你的房子受到外来的侵犯，这通常意味着自我世界正遭受无意识力量的侵犯。也许你正与现实，与价值观，与你自己的一部分对峙。迄今为止，你一直成功地避免着这场挑战。

如果你发现自己身处一个被邪恶的巫师或军事独裁者统治的国家，这也许意味着你正被自己的权力欲望控制。如果你穿过一个由年老而明智的国王或王后统治的幸福国度，这个梦正向你预示着，当我们与原型自我和谐相处，与我们内心最高的智慧结盟时，生活会是怎样的。

那动物又意味着什么呢？如果它是一只动物，你也许会把它看作一种动物本能或你内心某个地方的动物意识，埋藏在心灵最深处原始的、史前的根基中。这是将我们构建出来的能量系统之一，我们必须把它纳入考虑。如果我们忽视了它，它就会时不时地跑出来大喊大叫。

人们都拥有自己的性格，动物也一样。和许多其他的原型象征一样，动物同时具有积极的和消极的隐含意义。狗就是一个很好的例子。与狼和土狼一样，狗也是一种群居动物。你梦中出现的一条狗可能指代人类“随大流”的倾向，想要与团队和集体紧密联结，找到“归属”，以至于停止了作为个体的发展，或不再拥有内在生活。我们发现，人类也同样是群居动物。我们内心有强烈的本能，既能显现出人性中最好的一面，也可能表现出最邪恶的一面。

另一方面，狗特别忠诚。你梦中狗谦卑的意象也许指代你内心的一种高贵品质——无比忠诚的能力。有时候，我们很难根据一个梦就说清楚我们应该取其积极的还是消极的内涵。有时候，狗也许是一个警告，有时候却是一个强烈的肯定。通常梦中一些十分微小的细节会告诉我们应该怎样看待这一象征。

荣格发现，动物常常代表我们心中原始的物质能量系统和本能的能量系统。它们也许和身体对食物、休息或运动的需要，或对情欲和感官体验的需要相对应。你在梦中与一种危险的动物搏斗，这也许表示，你深层的、本能的需要与意识中“文明化”的态度之间存在着冲突。

如果动物以神话形式出现，它们也许同样代表着伟大原型或精神意识和精神发展的最高阶段。在印度教的象征中，大象是真我的最高显化。有时候，西方人梦中出现的大象也代表同样的意义。在我自己的梦中，白色的眼镜蛇对我来说常常是自我的显化，代表我内在的最高意识。

我在前面几页中举出的例子不过是沧海一粟，我用它们来指出你的梦中意象与内在的自己和内在生活动力建立联结的机会。我们不可能有足够的篇幅——不管是在这本书中还是在其他的书中——涵盖所有的象征。这些象征都可能出现在你的梦中，以不同的方式与你的生活产生联系。如果试图列出所有的象征，我们很可能会误入歧途。因为，正如我前面一直极力强调的那样，你梦中的象征和内在生活之间的真正联系只能来自你，来自你无意识的肥沃土壤。

释梦案例：目光明亮的女孩

现在，我将讲述另一个梦的例子，这个例子将告诉我们怎样将这一步骤用于真实的梦。同时，我也会将它与做梦者内在生活的联系一起呈现在大家面前。

这个梦来自一位大学生，那时他22岁。因为患上了严重的神经症，他不能继续大学的学习，所以他前来找我咨询。当时他不能好好学习或通过考试，并且处在深深的绝望之中。

下面描述的梦是他在咨询中讲述的第一个梦。它完美地呈现了他那时的状态，告诉我们它涉及的内在系统，并为他指明了前进的方向。这个梦预示了神经症神奇的治愈。这种情况几乎在他开始进行内在工作时就发生了。他是那种没有内在生活就不能生存的人，但是一旦他意识到这一点，所有的事情迅速地发生了改变。他完成了学业，现在过着异常充实而有益的生活。

为了向梦中出现的阿尼玛表示敬意，我把这个梦称作“目光明亮的女孩之梦”。

目光明亮的女孩之梦

我正平躺在我外祖母家门前的街道上。一辆汽车从后面开过来，里面坐着我的姐姐和她的朋友。我害怕这辆车从我身上压过去，因此以最快的速度滚向路边。然后她们站在我的旁边。姐姐问我是否愿意让她安排一次我与她另一个朋友的约会。她提到了几个名字。我不能决定。随后，姐姐消失了。她的朋友问我约会时想做什么。我想了一会儿，然后突发奇想地觉得这个女孩也许想和我共度今宵。正这样想着，我想起我还没有真正留意过她的长相。在她正要转身离开时，我开口提出与她约会。她转过身来，我高兴地发现她很迷人。她是一个目光明亮的女孩。我问她愿不愿意与我交谈，她同意了。当她转向我时，我从水沟里站了起来，和她一起离开了。

为了达到用这个梦进行练习的目的，我们不得不假设我们已经完成了第一步，进行了联想，而且有些联想已经“命中”。现在，在第二个步骤中，我们必须把这些联想应用到这个大学生内在生活的具体动力上。下面是他能够建立起来的联系。

第二步：梦中每个意象指的是我的哪一部分，或我内在生活中的哪一种动力？

我外祖母的房子：因为我的外祖母和我的母亲都出生在这幢房子里，所以它指代的一定是我心中的“妈妈的房子”。它年代久远，因此它也许不仅代表恋母情结；它代表母亲原型、母亲能量或我心中的母亲形象。这是它的地盘，因此，它表示“我”——自我——在它的地盘之中。自我身处大母神的地盘之中，在某种意义上，我在它的影响之下。

现在，我看到它在我日常生活中的什么地方发挥作用呢？这是母亲法则的一个面向，我陷入了这种退行的关系中。我开始在这种关系中表现得像小孩子，这个小孩子什么都不能自己做，只想这个世界来照顾他。我感到自己想有所依赖，不想自己做决定，不愿自己做任何事，只想有人“像妈妈一样照顾”我。就其负面性而言，母亲能量已经转化为依赖情结。这也是我最近在自己身上看到的。我抛弃了自己与生俱来的男性气质，我害怕探索这个世界，害怕开拓自己的路。我感到我被自己的女性气质包裹，但糟糕的是它让我觉得自己是孩子，想找到依靠。

躺在街上：我生活中的什么地方像这样呢？我立刻看到了答案。我一直感到沮丧、绝望，不能够继续学业，感到力不从心，不知道该去向何方。这个意象准确地象征了我的感受：就像一个躺在水沟里的人，不能站起身来，感到无助。我感到会有人来踢我一脚或从我身上碾过去。我不能自卫，也不能自救。

另一个“命中”的联想是：这是一条公共街道。这不是我自己的地盘；它属于“其他人”，在另一个地方。我似乎不仅迷失在母性的女性气质中，还迷失在集体性中。生活中哪种情况与这一联想相吻合呢？当我认真思考时，我意识到我满脑子装的都是别人想要我做的事，或对我的期望。上大学、选择课程、做职业规划，从根本上说都出自我认为自己不得不遵循的集体期望。我不知道它们是否来自我的家庭、社会，或其他地方——这根本无关紧要。关键问题在于我必须开始寻找属于自己的人生道路，决定选择什么样的价值观，找出对于我来说重要的东西，并开始做出自己的决定。

我认为唯一能让我从街道上站起来的是找到真正属于自己的一席之地，并站在那里。我不能够再躺在街道上，愚蠢地接受所有来自周围社会的集体观念。

我的姐姐：如果我梦中的姐姐代表的是住在我心中的某个人，那么这个内在人物住在哪里呢？我身上的哪个地方有像姐姐一样的女性人格？我生活中的姐姐，不管什么时候，当我心情不佳或感到沮丧时，都会像梦中的这个人物一样来关心我。她努力让我振作起来，让我摆脱困境，让我与他人建立联结。我看到我的心中有着某种感受，想要与人们发生联系，想要找到一个能够亲近的朋友。我不愿孤苦伶仃。

然而，我对待她的态度与我对待梦中“姐姐”的态度一样。我拒绝与人们有任何关联；我像一个孤家寡人，与自己的抑郁和问题为伴。我拒绝关系。在梦中，当她想要帮我安排约会时，我的犹豫不决正是象征了这一点。也许，在那个时候，我不愿意与人约会，因为我正等待着“目光明亮的女孩”，但是我并没有意识到这一点。因此，我认为我的姐姐正是我心中的女性力量，它把我带入与他人和人类生活的关系之中。然而我似乎并不能有所回应，因为我需要首先找到自己的灵魂。

目光明亮的女孩：我把自己理想的“永恒女性”形象、我渴望的女性角色定义为“目光明亮的女孩”。她对我来说有着莫名的神圣感，好像是一位公主或女神。当我看到她，当我感到她在我生命中的存在时，我感到自己好像是完整的，好像有了人生的目标，生活有了意义。因此她符合关于阿尼玛的描述。她象征着我的灵魂。虽然这是女性的一面，却又和“姐姐”并不相同，它将我带往内心世界，带向精神世界，带向内在体验和宗教意识。她，我的阿尼玛或灵魂，是我内心的女性存在，想要探索无意识，想要生活在梦与原型的世界中。

神奇的是，一旦我在梦中看到她是谁，我便不再感到无能为力了。我站了起来，又能走路了。我重新开始生活，恢复了社会功能。

我在自己身上的哪个地方看到了所有这一切呢？首先，我感到，从某种意义上说，我的灵魂渴望一种不同的生活。我来到这里，开始学习怎么看待自己的梦，因为我感到自己的内心空了一块。我感到我需要内在生活，我感到内心的空虚，我想要宗教意义、宗教体验或让我体验到生命潜在意义感的东西。所有这一切内心活动似乎都是“她”：她是目光明亮的女孩、我的灵魂，在我心中发挥着作用。这些都是她的感受，也正是我所感受到的。我幻想着新的精神生活，能够深入地了解神秘的无意识。这一定是“她”的幻想，却浮现在我的脑海中。

我问她是否愿意与我交谈：我开口约她，但是真正的转折点出现在我问她是否愿意与我交谈之时。我试图开始一段简单的对话，感觉这好像是一次交流和一段关系的开始。

我心中哪个地方正发生这样的事呢？这似乎让人费解，但我认为我正试图找到自己的灵魂，并与之建立联系。也许，这就在我决定写下自己的梦，开始审视它们，开始生活在内心世界时；在我告诉我的灵魂说我想要与她交谈之时；在我想要联结自己的内在心灵，开始一段友谊之时。

我从水沟中站起来：我能联想到“从水沟中站起来”与内心非常具体的变化有关联。当我开始有一点理解这个梦，开始想要拥有内在生活的时候，我的感觉开始变好。我现在不再感到那么无助了。我不再感到力不从心，对这个世界无能为力了。我感到我能做点什么让生活恢复正常，去理解我心中正在发生的事。敞开内在世界意味着希望和生命力又回到了我的身上，我不必再被动地躺在水沟里，感到束手无策。

这位做梦者能够把他梦中的体验与一些他情感生活中非常具体的事情联系起来。这个梦因为他的感受和体验变得神奇。那个时候，他感到十分无助，被生活击败。这个梦通过他躺在街道上的意象生动地展示了这一点，他是完全被动的，彻底任由路人摆布。

这个梦是个很好的例子，它告诉我们原型放大后如何变得有用。在这个案例中，它向我们提供了许多有关阿尼玛的信息，这样我们就能看到她在他生活中的哪些地方发挥着作用。一旦我们看到“目光明亮的女孩”是一个灵魂人物，是阿尼玛的显化，我们就可以猜测出许多事情。我们知道阿尼玛把我们带往内心世界，她首先需要与内在生活相关联。从这一点上，我们可以看到与这个特殊人物的相遇、与她关系的开始，这与做梦者决定通过梦走进内心世界、恢复自己的内在生活是相一致的。毕竟，这是找出阿尼玛并与之建立联系的最直接的办法。

第十章　第三步：解析

解析是你前面所进行的几个步骤的最终结果。解析把你从梦中得出的所有意义融为一体，形成一个统一的画面。它连贯地陈述了这个梦对你的整体意义。

在这个阶段，你会问这样的问题："这个梦试图向我讲述的主要的、最重要的信息是什么？它给我什么样的建议？这个梦对我的生活有什么整体意义？"

在完成前两个步骤之前，我们还没有资格去释梦。没有先前的个人联想，解析只是胡乱猜想。如果你在一本释梦书中查找现成的解释，无异于穿上别人的衣服，而它并不适合你。解析应该在前两个步骤的基础上自然而然地进行。所有联想开始在你的头脑中联系在一起，你与内在生活的关系变得清晰，在此基础上我们了解了梦的整体意义。

作为解析的一部分，你应当试着做出一个简单的陈述，这个陈述表达了梦中沟通的唯一的、主要的观点。问问你自己：

“这个梦要传达给我的最重要的见解是什么？”

借用“目光明亮的女孩之梦”，我准备了一个解析样本，用来说明当你开始拼出梦的整体的信息时会出现什么样的观点。

当你阅读这个例子时，请记住一点：我分析了这个梦之后，我在几年前见证了做梦者身上发生的变化。因此，相对于我自己的梦和第一次分析它的时候来说，这次解析更流畅和连贯。

当你开始解析你的梦时，不要奢望第一次尝试就能很连贯。写下你是怎样看待整个梦的，以及它对你生活的意义。一直不停地分析它，直到它的意义得以呈现，并符合梦中事件的整体模式。

为了便于阐述，我在这个例子中使用了第一人称，就好像做梦者在讲述。

解析：目光明亮的女孩之梦

这个梦所呈现的我的生活的总体画面是什么？这个梦为我提供一种方法，让我理解自己的情绪反应、我的抑郁和无能为力，以及最近几个月来在学校不能正常学习的无能感。

我患上了严重的神经症。因为神经症确实是我的意识态度和无意识需要之间无法逾越的鸿沟，所以我能看到一直在发生的一些事。我的意识态度一直像一个钻头，努力取得学业上的成功，投身于事业中，而现在我感到这个事业只是周围世界强加给我的。但是我的内心有完全不同的需求，它来自一种内在生活。那意味着我应该冥想、释梦，弄清楚我到底是谁，认识到我有一个灵魂。

在这个梦中，我躺在水沟里，完全无助、被动，依赖他人。这一意象表明了我努力地在集体世界中取得成功，以及我停留在依赖性及恋母情结之中。

这个梦向我展示了我心中的三种女性能量，它们现在正活跃于我的生活中。首先，大母神的负面影响控制了我。我彻底地变得被动和依赖，这让我身陷无能为力之中，不能好好学习。但是另一个，甚至是更根本的原因，在于我一直没有过自己想要的生活，或去追求更深层的、内在的自己所关心的品质。我一直在追求我自认为其他人希望我做的事，但这并不是我最深的本能所带给我的。因此，我躺在外祖母家门前的街道上，这说明我被恋母情结，被这种退行的、孩子气的感觉制约，需要靠别人来告诉我应该怎么做和怎么想。

我心中另一种起作用的女性面由我的姐姐所代表。这位“尘世中的女性”想要将我带回与女人的关系中，带回与世界的具体关系中。这很好，但这不是我力所能及的，因为我正无助地躺在恋母情结中，躺在由集体衍生出来的生活方式中。在我感到能够正确地与自己之外的人联结之前，我不得不学习怎样与我内在的自己建立联结。否则，它们不但帮不了我，似乎还会把我带入一种有害的集体性之中。

我心中的另一个女性形象是“目光明亮的女孩”。我认为她是我的灵魂意象、我的内在心灵、我的阿尼玛。她是我心中的力量，把我推向内心世界、宗教意义和对自己无意识的发现。她像一个目光明亮的女神，能够带领我在内在自己的隐秘世界、我的灵魂中穿行，并向我展示怎样与真正的自己和平共处，而不是去做那些我觉得自己应该去做的事。

我应该怎样应用这些信息呢？首先，暂时地，我认为我不得不放弃想要成为“大人物”，想要在学术界、在争名夺利的竞争世界中取得成功的想法。相反，我需要在日常生活中做与梦中相同的事：在一段时间内与我自己的灵魂同行，进行一次发现自己的旅程。

我应该花时间去做梦，去记住自己的梦，去分析这些梦，进行内在工作，努力去发现最深的无意识中的自己想要我做什么，让它告诉我应该怎样去生活。然后，我想我能够不再那么满怀可怕的内心冲突生活着，再也不会陷入水沟之中了。根据这个梦，遇见我的灵魂并探索内在的自己是唯一可能的方法：只有它能够把我从水沟中拉出来，让我的双腿充满力量，让我能够再一次像一个成年男人一样站立起来。

当你仔细阅读此次解析内容的时候，你可以看到它是怎样在前两个步骤的基础上应运而生的。这两个步骤我们已经在前面详细地介绍过了。通过识别他自己的哪一部分在梦中被这个女性人物象征，以及观察它们对他生活的哪些方面产生着影响，他已经准备好评估这个梦中的主要信息了。这甚至会影响他对未来生活方式的决定。

恰当的释梦应该是对梦的意义简单概括的总结。它也应该为你的个人生活提供梦的信息的具体应用，告诉你将要做些什么，你该怎样生活。

在备选方案中做选择

有时候，你会发现你可以从你的联想中得出好几种解释，而且它们都有意义。你应该怎样在这些可能的解析结果中做出选择呢？有时一种象征的联想是积极而鼓舞人心的，但另一种联想是消极的，告诫你某事是不对的。你怎样才能决定哪一个联想是正确的呢？

有几种方法可以帮助你决定哪一种解析结果更可靠。最重要的一种技术我们已经讲解过：写下你的解析结果。当你在纸上写出你的结果时，它便产生了重大的影响。它脱离了幻想和抽象的阶段，让你能够看得更清楚。在写的过程中，你开始更好地感受它是否真的对你有意义。当它盘旋在你的头脑中时，你会觉得它似乎很棒。但是当你把它写下来时，你会看到其中的漏洞。你会看到它是否真的与你的梦息息相关，与你生活中发生的事是否吻合。通过记录，你可以看到它是否真的前后一致，是否真的“命中”了。

判断能量的强度

因为你的梦由能量系统构成，因此，衡量一个解析结果的方法便是看它背后是否存在着能量。如果这种结果唤起了你内在的能量和强烈的感情，如果它忽然让你对自己的生活产生了领悟，如果它让你突然开始思考起人生的其他领域，如果它给你提供洞见，并让你摆脱模式的制约，那么，所有这一切都说明这次解析结果背后蕴含着巨大的能量。

当你写下另一个解析结果时，你可能会发现它里面完全没有任何能量。它没有生机，死气沉沉，不能让你将其与任何有生机和力量的事物联结。这很好地说明了这次解析结果不适合这个梦。

注意细小的线索

每一个谜团中总有一个微不足道的线索，只有最具观察力的人才能看到它，而它却是解决问题的关键。这种“文学性的手法”的确反映出生活和梦的原型模式：每一个梦都向我们提供了一些微小的细节和线索，它们会告诉我们应该遵循哪一种解析结果，或者应该怎样看待这个梦。

十年前，我的一个朋友得到了一个看似非常好的工作机会。他能够以合伙人的身份在这家公司工作。工作很有挑战性，也有无数的机会。他感到很兴奋，但是总有什么在告诉他过几天再做决定。就在那天晚上，他梦见了一个美丽诱人的女人，穿着性感的睡裙向他走来，并告诉他，只要他愿意，她就是他的。他决定和她一起走；但是随后，她向他靠近时，他看向她的眼睛。她的眼睛里有一种奇怪的、仿佛来自另一个世界的绿色阴影，这让他感到很不舒服，很害怕。他退了回来。

第二天，他清楚地看到这个魅惑的女人与这个诱人的工作机会之间的关联。他感到他把自己的阿尼玛投射到了这个新的工作机会上，但是这个梦警告他，这是阿尼玛的邪恶面。这个工作机会有某些地方是不对劲的，存在着某种隐患——因此，他拒绝了这个工作。后来，他通过其他途径了解到，这个公司是不可靠的，他意识到如果自己加入进去一定会遭殃。

他同样也找出了绿色的原型含义。与其他每种颜色一样，绿色既有好的，也有不好的内涵。当这种颜色出现在自然界时——绿树和草地——它是生命的力量的象征，是春天焕发的自然能量。就其积极面而言，它象征着生命的复苏，但就其消极面而言，它代表着毒药——蛇分泌出的毒液、伤口流出的脓水、人类隐秘的邪恶特性。比如，我们会说“变绿了”来表示人们的嫉妒。

这个性感女人眼中让人不舒服、不友好的绿色阴影是一个线索。这个特别的细节告诉我们应该怎样解析一个模糊的梦。一个好工作、一次生意机会——表面上很完美。一个美丽的女人出现在你的梦中，这真是太好了，她代表着一个女人阴影的积极面、一个男人的阿尼玛、一种感官和情欲意识、一个人的情感功能。但是如果她眼中的绿色阴影令你感到不快，那么你就该注意这个线索。

哈罗德·戈达德（Harold Goddard），伟大的莎士比亚学者，向我们展示，莎翁的戏剧和其他的伟大文学作品中就存在着这一原则。他举的例子，如果我没有记错的话，是《罗密欧和朱丽叶》中的场景。在这一幕戏中，朱丽叶的父亲正在描述他理想中的女婿。他希望朱丽叶嫁给一位富人，他来自另一个有钱有势的家庭，可以与他建立联盟。在十五世纪的意大利，所有这一切听起来都无可厚非。我们并没有感到不快而觉得这出戏会以悲剧收场。

但是这时出现了一个细节，看似无关紧要：女仆的抱怨。她说这位父亲的态度与把朱丽叶卖进妓院并无二致：他会把她卖给出价最高的人，卖给财产最多的人。这位女仆的陈述给了我们所需要的细小线索：从深层次上说，在这个家庭的命运中，事情的进展并不顺利。这里有一个深度分裂的价值观。情况正在变坏，悲剧的种子已经埋下。

在你自己的梦中，你也要学会注意这些微小的细节，看到它们表达的意义。它们会影响你对一个模棱两可的情景的理解。

来自对立面的争论

如果你发现解析结果仍然不够清晰，或者你不能在不同的解析结果中做出选择，那么你可以装扮成每一种解释的代言人：支持一方，像一位律师一样，然后坚决地逐一论证每一种观点。

首先，做肯定辩论：论证接受这份工作是完全正确的。论证它可以让你获得梦中描述的生活方式。论证它将让你有许多时间与家人在一起，进行内在工作和娱乐。收集所有你在梦中可以找到的证据，并把它们列出来。

然后，进行否定辩论：做反方代言人。论证这个梦在告诉你应该待在原处不动，保持现状。论证比起浪费时间参与新工作和新的权力游戏，你更应该花精力厘清自己的内在生活、治愈你的神经性分裂。论证这个梦是一个警告，告诫你不要选择梦中指出的道路和方向。先论证阴，再论证阳。先从心中的女性本能角度出发进行辩论，再从你的男性面出发。论证你应当把决定权交给命运，静候其变；然后论证你应该主动采取行动。通过这个故意唱反调的游戏，我们迫使自己按照顺序一个接一个地校准心中的每一个观点，直到找出这个梦真正反映的那个观点。你通常会发现，两种解析结果中都存在着某些真实性，你最终的理解将是不同观点的综合。

有时候，梦告诉我们，没有“完全正确”的选择。你可以选择任意一条路，梦将告诉你选择那条路的结果将如何。梦会告诉你，你将付出何种代价。梦也许在说：“看吧，这是你应该持有的态度，但如果你坚持选择另一种态度，那就是后果。”

无意识对我们来说是公平的。只要我们为自己的选择承担责任，接受后果，它就会允许我们的自我做它坚持要做的事。就算我们选择了错误的路——我们常常会这样——我们的意识也会得到扩展，并从此种经历中学习——当然，只要我们接受责任，坦然地面对结果，只要我们能从中学习，那么一些看似

“错误”的选择也能让我们从中受益。

然而，逃避责任却是我们的无意识不能忍受的。无意识会把我们推入一个又一个苦难之中，除非我们最终愿意清醒过来，看到正是我们选择了这些令人难以忍受的道路，并对我们自己的决定负起责任。

有效的解析四原则

这里有一些普遍适用的原则，你可用这些原则来验证解析结果，或用它们来避开不正确的结果。我们来看看其中的四个原则。

1. 选择向你展示未知事物的解析结果

选择一种能够教会你新东西的解析结果，而不是选择看似确定你已有的观点和偏见的结果。记住，梦最主要的功能是向你讲述你不知道的事、你没有察觉的事，以及那些存在于无意识中的事。你的梦不会浪费你的时间，告诉你已经知道和已经理解的内容。因此，你应该选择挑战你已知观念的解析结果，而不应该仅仅沉湎于重复那些你已知的内容。

这一规则有一种例外情况：有时你的梦会一再地向你传达相同的基本信息，但是你既没有理解它，更没有将它付诸实践。在那种情况下，这个梦也许会重复你已知的内容。但如果是这样，你最好先问问自己为什么这个梦不得不一再地重复这一信息。

如果梦只是为了确认我们心中已经存在的观点和猜测，它们将完全不能对我们的心灵成长产生作用。让我们假设，如果你的梦向你发起挑战，帮助你成长，让你认识到自己应该学习的内容和应该改变的地方，情况会是怎样的？你应该根据具体情况对解析结果做出调整。

2. 避开让你自我膨胀或沾沾自喜的解析结果

梦通常扮演报告者的角色。当你的内心发生了改变，你的内在价值观被纠正，或者当你在成熟和个人发展的道路上取得进步时，它们将给你反馈。当你听到这样的好消息时，你有权利感到高兴。

然而，梦报告这些信息的方式从来不会是自我本位式的。如果你发现自己写下的解析结果正赞扬你的个性，恭喜你自己有多么不可思议，比其他凡人更高明，那么你的解析就是不准确的。梦不会向我们传达此类信息，它们不会让我们自我膨胀。

梦旨在完成你生活中没有完成的事，展示你以后需要面对的内容，以及你日后需要学习的东西。在内在生活中，学无止境，我们永远不可能停下来。因此，如果你发现自己正写着让你沾沾自喜的解析结果，那么请试图看到它是什么，认识到它并不是梦的准确反映，然后再进一步寻找。

3. 避免推卸责任的解析结果

我们会通过梦把生活中发生的事情归咎于他人，这样的诱惑非常大。比如，如果你在工作中与某人发生了冲突，而那个人恰好出现在你的梦中，那么你可以不费力气地说：“很好！我的梦证明了我一直都是对的，他是错的，整件事都是他的错，与我无关。”

这种解析不仅是自私自利的，而且通常是完全不准确的。你的梦并不会聚焦于指出别人的错误，或他人需要改变的地方。你可以把这一任务留给他自己的梦和无意识。你的梦关注的只是你自己：你心中发生的事、塑造了你内心道路的无形力量、你生活中需要意识化或发生改变的领域。

就算你的梦会对一种外部情况发表意见，它关注的也是对你的态度和无意识行为模式的帮助。

4. 学会与梦一起生活——将它们融入你的长期生活之中

通常情况下，一个梦可以放在你过去几天里的内在生活的具体事件中加以理解。然而，有时你做了一个“意义重大的梦”，它向你展示了相当长时期以来你内心发展的全景。它也许会向你解释过去已经发生的事，告诉你未来即将发生的事，并让你知道现在的经验如何适应长期的发展。有时，想一劳永逸地解开这些梦是很困难的，因为只有随着时间的流逝，它们的全部意义才会变得清晰。

我们不得不学着与这样的梦一起生活，时不时地回到它们中去。随着时间的流逝，我们对梦的理解会日渐加深。我们会在看到生活中的某些事件时，忽然意识到它们确实符合梦中所说的长期发展。这样的梦是我们内心成长的蓝图。我们和时间一道，学着看到我们的人生是怎样吻合这一蓝图的。

如果在经过所有这些努力之后，你还是不能诚实地选择一种确定的解析结果，那么请坦然地与这个梦一起生活一段时间。你应该心甘情愿地与梦的模棱两可性一起生活，就像有时我们不得不与生活的不确定性相伴一样。你可以心安理得地说："它或许是这个意思，又或许是那个意思。它可能说走这条路，也可能说走那条路。时间可以证明一切。"

这样的梦来源于你意识的前沿。它们在一定程度上影响着未来，而它们的种子现在已经埋在了你的心中。给自己一些时间去细细体会，继续与这些象征交流，时不时地回头去看看这个梦，一切都将变得清晰。

第十一章　第四步：举行仪式

当你到达第四个步骤时，你已经得出了一种解析结果。你已经尽最大的努力用头脑去理解了这个梦。现在是时候做一些实事了。这个步骤非常重要，因为它将帮助你把梦中的体验整合到有意识的、清醒时的生活中去。

对于一些人来说，这一释梦阶段相当困难。当我问道：“你将怎样去应对你的梦？”人们毫无头绪。然而，只要经过一点实践，你就能学会运用自己的想象，并发明出巧妙的仪式。这些仪式会让你的梦立刻变得具体。你将吃惊地看到，第四个步骤在增强你对梦的理解上会发挥多么强大的力量，它甚至会改变你的习惯和态度。

有意识地采取行动向梦表达敬意

这个步骤需要一个身体动作来肯定梦中的信息。它可以是一种实际的动作：因为你的梦，你也许会感到你应当开始及时地付账或理清一段混乱的关系。或者，它也可以是一个象征动作——以一种用强有力的方式把梦的意义带回家的仪式。

我的脑海中浮现出许多例子。有时人们会梦到他们需要更了解自己的情感面向、自己感受的价值。对于这样一个梦，你可以采取一个仪式，花一个晚上的时间来做一些有深刻意义的事、让你感到重要又令人振奋的事，而你以前从来没有时间来做这些事。或者，你可以做一些微不足道的小事，表达你对在意之人的感情。小事情有大效果：比如，做一次短期的拜访，或寄一张贺卡。任何身体仪式都是可行的，只要它对你梦中的信息起到了肯定作用。

如果你的梦告诉你，你在工作上花的时间太多了，那么你需要更多地放松身体，你可以举行仪式，来到沙滩上或某个乡下，长时间地散步，用心观察大地和天空的颜色，重新与现实世界联结。就算是这样的微小行为也能让你的梦变得具体，梦与你意识生活的整合也由此开始。

我记忆中最棒的一次仪式由一位年轻的大学生完成。这个大学生与我一起分析他的梦。他梦见星期六晚上他外出去了一家购物中心。他四处游走，对他来说，每件事都很不顺：他看到让他感到不舒服的“垃圾食品”，他与他人的关系很肤浅，买到的东西不尽如人意。

他努力地完成了释梦中的前三个步骤。他的解析结果发现这个梦涉及他的“周末症候群”。这包括“与同伴一起外出”、酗酒、吃不健康的食物、冒险，以及结识让他感到毫无意义的朋友。他确定，照这个梦的意思，这类社交或娱乐对他来说是不健康的。它代表了一些不属于他的价值观和生活方式。

我问他：“你怎样应对这个梦？你的第四个步骤是什么？”

他确认这个梦的精髓在“垃圾食品”这个词上。在他的梦中，他体验到了人类人际关系和集体主义的“垃圾食品”。和垃圾食品一样，它不能为他的内在生活、情感生活甚至人际关系提供养分。据此，他为他的梦制定了下列仪式：

他去了一家汉堡店，并买了最大的豪华芝士汉堡和炸薯条。他带上一把铲子，把这些垃圾食品拿到他的后院。他挖了一个洞，并用正式而隆重的仪式把这个芝士汉堡和薯条埋了起来。他把这一行为当作脱离关系的象征。他采取仪式确定了他想放弃肤浅和破坏性的关系。正是这个梦引起了他对这些关系的注意。

这个梦和这次仪式对他产生了深远的影响。它们启动了他的意识、力量和成熟度的演化旅程。他曾在不可能得到养分的地方寻求滋养，把自己的生活交给不能提供深层滋养的人和活动，这一仪式治好了他的这些问题。

这是一个有启发的例子，让我们知道我们的社会对年轻人都做了些什么。我们已经失去了集体主义的传统形式——家庭、宗族、学派、教堂——它们能为他们提供心理上和精神上的滋养。大多数可供他们使用的社会形式和活动却不能对他们的身体健康或内心幸福提供帮助。这位年轻人梦中的意象很好地象征了这种普遍的情况：他游荡于一个购物中心，在那儿找不到意义，也找不到与他人的关联。购物中心本身并没有任何问题。但它作为精神上的购物中心出现在这个年轻人的梦中，这才是症结所在。

人们通常会惊奇地发现作用最大的都是一些小的、微不足道的仪式。我们没有必要采取大行动或花大价钱。事实上，花太多时间和精力在梦的仪式上往往会适得其反。不要因为你做了一个梦，它告诉你要更有条理，于是你便开始清理整座房子或在一天内完成所有的事。最好不要把所有的朋友都牵涉其中。也不要仅仅因为你的梦告诉你要多做运动，你就去组织慢跑俱乐部和选取人员。

你的具体仪式应该是小而精的，这样它们的作用才会更强大。仪式是内在态度改变的一种具体体现。这种改变是梦所呼求的，这一层面的改变符合梦的要求。

同时，谈论这个梦或层面，向别人解释这个梦也不是一个好主意。空谈会把整个体验带到抽象层面。它会影响你展现自己最好一面的欲望。你感觉不到生动的、具有个人色彩的体验，只能以一场杂乱的、集体的闲谈告终。最好的仪式应该身体力行、独立完成，并一言不发。这种仪式才能进入无意识的最深处。

运用身体

身体动作在释梦中具有神奇的作用。它使你对梦的理解超越单纯的抽象层面，并为它提供一个直接、具体的实相。这是把你的梦放入此时此地的现实生活的一种方法。

简而言之，举行仪式和典礼就是运用细小、象征性的行动来建立意识和无意识之间的联系。仪式为我们提供了从无意识中获取原则并把它们生动地纳入意识之中的方法。但是仪式同样也会对无意识产生作用。一个高度意识化的仪式把强大的信息送回到无意识中，促使改变在产生态度和价值观的深层层面发生。

一旦你用自己的意识理解了梦的含义，那么把你的觉知和意识移入更深层的无意识中是很有必要的。我们可以把它当作已经发芽的植物种子，移植回以前生长的土壤中。同样，当我们把自己的意识移植回我们的无意识中，它就会在最初的问题中产生新的能量和新的生命。如此循环往复，新的形式又会努力地上升到意识层面。

多年以前，当我在苏黎世的荣格学院学习时，大名鼎鼎的托尼·沃尔夫（荣格的一位同事）仍然作为分析师为病人治疗。在这一特殊的事情上，即具体处理梦这件事上，大家都觉得她很可怕。她在门口迎接病人，在他们入座之前，她会问："你对前一周你提到的梦做了些什么？"

有些病人的确做过一些特别的事，采取过一些具体的和身体的行动。她不会对这样的病人发难。但是如果他们支支吾吾，说他们思考过这个梦，也和别人谈论过，或诸如此类含糊不清的事，她就将他们推出门外。当她砰地关上门时，她会说："等你认真对待这件事时再回来吧。"这就是她尽人皆知的处事方式：你要么认真对待，要么走人。

托尼·沃尔夫认为梦在现代人的心中更像空想，在头脑中十分抽象。某人不得不把他梦到的内容通知身体的其他部分。她说："哪怕人们分析了二十年，脖子以下的部位都不会感知任何正在发生的事！你不得不对此做点什么。对你的肌肉做点什么吧！"

我们西方世界倾向于让一切变得抽象，以口头的讨论代替直接的情感体验。我们急切地需要身体和感情的加入。我们不得不把我们的理论观点转换为"直觉层面"（gut-level）的体验。梦中出现的念头和意象应当进入你的情感、你的肌肉纤维、你的身体细胞中。这需要我们的身体动起来。当它通过身体的形式表现出来时，它同样也进入了最深层的心理之中。

重新发现仪式的力量

正如我们不得不克服文化偏见以此接近无意识，我们同样不得不放下一些根深蒂固的偏见，把仪式看作人类生活的必需品，认识到它们对人类生活大有裨益。一些人不自觉地认为，仪式只不过是残余的迷信或过时的宗教信仰。“仪式和典礼”常常被贬为“空洞又无谓的繁文缛节”的代名词。

然而，近年来，许多人开始对萨满教、印第安人的仪式和其他的部落文化产生兴趣。我们开始重新发现仪式是一种人类的自然工具，它让我们与内在的自己联结，聚焦和提炼了我们的宗教洞察力，凝聚了心理能量。我们开始认识到，我们使自己变得贫瘠，因为我们丢弃了部落祖先曾经拥有的日常精神生活。

荣格在许多年前就曾展望过这一新的觉知。他表示，仪式和典礼是进入无意识的重要通道，仪式是一种通往内心世界的方法。在历史早期，人类就发现了这种方法。仪式的运用让我们回到鸿蒙之初，回到我们始前的祖先中间。仪式是我们所具有的一种能力，像梦一样，让我们能够在意识与无意识之间进行交流。现在，我们心中仍然充满对富有意义的仪式的本能渴望，即使我们已经不能感受到它们在我们的生活中扮演的心理和精神角色。

在最初的拉丁文中，“典礼”这个词的意义之一是敬畏。典礼是一种行为方式，做这一行为时一个人会产生敬畏感。不管庆祝的对象是什么，所有关于宗教典礼的设置都代表着人们曾经感觉到的尊重和敬畏。运用正式的礼节来表达尊重是人类的天性，人们运用高度仪式化的象征性行为小心翼翼地接近内心世界也是如此。

我们应该怎样运用典礼呢？当你已经开始体验自己的梦时，你会发现在这些梦的背后蕴含着强大的力量和智慧。你会感到你的梦正在揭示你以前不了解的灵魂层面，触及非常重要的主题，正是这些重要主题让你开始重新设置对人生的整体感受和意义。

这时，我们需要了解仪式和它在人类的生活中所扮演的角色。我们的宗教生活被重新唤醒，我们发现自己面对着神圣的世界，我们迫切地需要仪式，就像我们的祖先迫切地需要它们一样。我们需要举行仪式，以便触及这些梦中的能量，在发展它们的同时保持我们日常生活的平衡。我们需要表达我们的敬畏、快乐和感激——有时候，还有我们的恐惧。对于这一切来说，仪式是本能为我们提供的通道。在这一点上，我们与我们的原始祖先并无二致。

根据我作为心理医生的所有经验，我得出这样的结论：敬畏感对心理健康大有裨益。如果一个人没有敬畏感，如果任何人或任何事都不能激发起他的敬畏之心，这通常意味着他的自我膨胀已经完全切断了意识人格与无意识营养源泉之间的联系。然而，讽刺的是，我们许多现代文化却致力于根除所有的敬畏，这将把所有对崇高真理的敬意、激发人类灵魂中敬畏情感和崇拜的品质清除殆尽。

仪式，就其真实形式而言，是我们的敬畏和崇拜感最具意义的通道之一。这是仪式之所以会自发地在世界各地的人群中形成的原因。这也是某些现代人长期感到空虚的原因，因为这些人从来不进行有意义的仪式。他们不愿与滋养我们灵魂的伟大原型产生联系。

如果我们站在心理学的角度看待仪式，可能会说正确的仪式是象征性的行为，被人们有意识地完成。不同的人用不同的方式来表达仪式动作所象征的内容。但是最高形式的仪式有其特点：参与者感到，他们正在做具有象征性意义的动作，而且有意识地把这种动作转化成一种活跃的动力象征。他们的一举一动都变成了运动中的象征，把内心世界的力量转化为可见的身体形式。

无论我们是否意识到了这一点，我们的许多行为都是象征性的。但是将身体动作转化为正式仪式的却是在意识动作中的象征性表达。就其最好性而言，仪式是以简明的形式表达某人与无意识内心世界关系的一系列身体动作。

仪式对意识的成长的作用与它有能力将象征性体验转化为具体实际动作的能力有关。虽然我们能够用大脑来理解象征意义，但是如果我们用身体和情感来感受这些象征，我们的理解将更深刻和具体。当我们只是去思考，或谈论这些象征时，可能会很容易将自己与围绕在它们周围的情感特质分开。但是如果我们通过做某事来表达象征——涉及我们的身体和情感——象征对我们来说就会变成活生生的现实。它将在我们的意识中留下不可磨灭的印记。

仪式是一种工具，它使梦中场景的实质、梦中原则的本质和梦中原型能量的精髓得以显现；仪式把能量降低到合适的水平，让我们能够将它们转化为直接、具体的动作。

古老的原始文化并没有从心理学的角度进行思考，一直以来，人们都是靠本能来理解仪式在他们的精神生活中的真实作用。他们把仪式看作一些正式的动作，这些动作将引领他们与诸神建立直接联系。仪式的用途多种多样：仪式可以让人们向诸神表达敬意和尊重，也可以让他们接触到神力——神力不会压倒或控制他们，因为这种交流被限制在仪式的安全范围之内。

在古老和原始的文化中，当提到在仪式中“拜见诸神”时，在它们的古语中，这意味着接近伟大而可怕的集体无意识原型。仪式保护着脆弱的个人和部落的自我意识免受无意识原始力量的伤害。

在我们的时代，人们仍倾向于把所有这一切都当作幼稚和迷信的表现。但是这些文化远远超越了我们，至少我们的祖先意识到精神领域的存在，而且，他们会谈及它，并学着通过仪式和梦接近它。相反，我们现代人已经在很大程度上摒弃了宗教的表达方式。但是几乎没有人找得到接近灵魂领域的其他表达方法，而此中产生的副产品是我们已经忘记了它的存在。从这一方面说，我们还不如所谓的原始祖先。

学习关注梦和内心世界是我们重新发现人类神奇的仪式能力的良机。仪式没有固定的模式，没有什么是根据准则和传统提前设置好的。相反，我们每个人都必须深入自己的想象之中，真的“梦见”仪式。仪式将向一个特殊的梦表达敬意。

每种仪式都必须取材于你内在的自己未经加工的内容，需要量身订制。它从内心流淌而出，与你的梦、你的联想和你的解析结果产生于同一个地方。当我们开始看到无意识的每一种表达方式——不管是梦、想象、异象还是仪式——都来源于内心深处的同一地方，我们所有的内在工作将变得不再那么危险。所有的一切，也因此共同发挥着作用。

花儿的仪式

不同的人用不同的简单仪式向他们的梦表达敬意，这些仪式都是量身订制的。为了说明这一点，我们来看其他一些例子。

首先，我们来看看早前提到过的一个梦：教堂之梦。你也许会记起我在前面说过，当她进行第四个步骤时，我们要再回到这个梦上面，去看看梦和做梦者都发生了什么。

对于时常进行释梦工作的人来说，教堂的经历陈述了一件显而易见的事情：如果我们进行内在工作并举行简单的仪式来表达我们的内在情境，它通常会在我们周围形成一股强大的建设性能量，而且以出人意料的方式塑造我们的外在情境。这是证明集体无意识存在的部分证据：我们发现无意识联结着我们与他人以及整个环境。因此，当我们把大量能量聚焦于内心世界时，类似的能量通常会出现在我们周围的人身上或情境中。通过这种方式，我们能够运用内在工作进行治疗。内在工作是不能通过外部手段进行的。

在前面提到的“教堂之梦”案例中，那个女人通过释梦看到了她的内在。但是她不知道应该对这个梦采取什么行动。它看起来似乎关系到一个内在异象、一个内心理解。这个梦没有暗示她应该采取什么身体动作：事实上，如果她跑出去寻找并加入一个宗教团体，这与她梦的精神是相违背的，因为这个梦告诉她的是安静地待在她自己对精神的觉知之中。

最终，这个年轻的女人想到一个简单的象征性动作，她可以通过这个动作表达她梦中的感受以及这个梦对她的意义：在梦中，在她接受圣餐后，她在做弥撒的过程中看到花儿自发地绽放在她房间的一角。因此，她外出采集在她梦中出现的鲜花。她带着这些花驱车来到大海边，进行了一个庄严的仪式。她走到大海边，把花扔进了滚滚的波浪中。

这是一个具体的，然而也是一个象征性的动作。通过这个动作，她把自己收到的礼物还给了大地母亲，还给了无意识的女性大海。那时候，她感到这个小动作太微不足道了，对于这样一个美妙的梦，她应该想出一些更重大的举动来向它表达敬意。但是她只能想到这个，因此她这样做了。她感到对这个梦怀有无限感激之情，这一动作是对内在女性的致谢。

离开大海之后，她平静地开车回到了家中。她发现当她在海边时，一个朋友来拜访她——那是一个她不常见面的朋友。她们一起开车在附近短暂地逛了逛。结果，一些事情接连不断地发生了，它们看起来似乎是巧合，但是它们并不是。

首先，当她们驾车在路上行驶时，她发现了一所教堂，距离她家只有几个街区。她感到很吃惊，因为在她心中她一直就待在一所教堂中，不分昼夜。只有极少的人允许进入这家教堂，她的朋友竟是其中之一，甚至还有大门的钥匙！她的朋友建议她们停在这里参观一下教堂。

当我们的做梦者走进教堂时，她感到自己好像回到了梦中。这个教堂，虽然她之前从未来过，却和她梦中的教堂一模一样。每一处细节都完全相同。她让自己在教堂里安静下来，进行冥想。这时，梦中所有的意义、感受和强烈的宁静感再一次回到了她心中。

教堂之梦不只是梦中世界的内在实相，它也变成了一个外部的现实。内心世界和外部现实变成了平行的能量系统，步调一致。

所有这一切的悖论在于，当这个女人做好准备放弃所有外在形式的“归属”或制度化的宗教时，她忽然发现自己置身于一家有形的教堂中。所有这一切都与内心中的教堂没有矛盾，她梦中显示的内在生活的精神超越了外部的宗教形式。

正如你所看到的，做梦者为她伟大的梦举行了仪式，这个仪式看似并不引人注目。但是，“花儿的仪式”对于梦中简单而强大的象征来说再合适不过了。它建立了梦中世界与外部现实的联系，促成了这天晚些时候同步事件的发生，把做梦者的两种实相联结在一起。

如果我们学会了这样生活，就会发现我们所有的梦展现的不但有内心世界，而且有外部世界。只是我们没有察觉到这种细微的联系。仪式和典礼可以帮助我们看到内心世界和现实世界交汇的地方，看到当它们能量并行时互相映射的地方。

当你不知道做什么时

你可以做一个简单的身体动作，就算你并不觉得它与你的梦有直接的联系。就算你只能想到出去走走，在小区里四处逛逛，以此向你的梦表达敬意，这也无妨。哪怕只是点燃一支蜡烛。总之随便做点什么就好。如果你有意识地做一些动作——随便什么动作——以此向你的梦表达敬意，它也会进入你的无意识中。

我回忆起一个了不起的男人，他是一个修士，来找我分析他的梦。他与托马斯·阿奎那[①]一样与世无争。他是一个智者，所有事情对他来说都是精神上的、理论层面和抽象的。为了回应他的梦，他极尽所能在幻想和神学中想入非非，但是他的梦似乎从未向他讲述过他的感情世界、现实生活、人际关系或与

①托马斯·阿奎纳是中世纪的哲学家和神学家，他把理性引进神学，用“自然法则”来论证“君权神圣”说。他被认为是历史上最伟大的神学家。——译注

周围世界的关系。

在我们开始进行释梦的第四个步骤之前，一切看起来都很正常。但接着，他对我发了火。他不明白为什么他应该对梦做点什么。他认为用头脑去理解，掌握理论就已经足够了。

某一天，他正在分析一个梦，这时他像往常一样对我发起了脾气，说："那么你现在希望我对这个梦做些什么呢？"一个不合逻辑的回答从我无意识中的某个地方跳了出来："你可以出去走走，观察十棵树的树皮来向这个梦表达敬意。"

他凝视着我，目瞪口呆，然后站了起来，嘴里念叨着什么，从房间里走了出去。我感到有些尴尬。梦中对树或树皮只字未提。和他一样，我对从自己口中冒出的话也备感惊讶。

大约三个小时之后，这位修士非常兴奋地敲打着我的房门。他说道："罗伯特！你都不知道树上的那些树皮多有趣！它们有些是棕色的，有些是灰色的，有些很光滑，有些却皱皱巴巴的。而且有小生物生活在里面。阴面与阳面的颜色也不尽相同，里面长着青苔，而且……而且你根本不会相信树上的树皮有多么漂亮和有趣！"

在那三个小时之中，这个人的身体和现实世界首次被唤醒。他在现实世界中看到了精神，而没有疏离它。这就好比我们使用了禅宗的公案：十棵树上的树皮是什么？

公案指语义模糊的表述或小品文，禅师按照惯例传给僧侣，要求他们找出公案的“答案”。但是公案太概念化了，人们在通常的自我逻辑中找不到答案。僧侣们必须超越传统范畴，超越界限进入不合常规的般若直觉智慧。一个最著名的公案是这样的：向我展示一只手发出的声音。

对于所有的公案来说，答案都不寻常，那么十棵树上的树皮又是什么呢？我的朋友发现，十棵树的树皮上有整个宇宙，这就是他的答案。

运用常识

你的想象通常会为你的梦制造出一个很好的身体仪式。你应当向你的想象寻求这方面的帮助。正如我们知道的那样，想象和梦有相同的来源，它们是和谐一致的。但并非所有你想象制造出来的产物都应当通过动作表现出来。你仍然不得不运用自己的头脑！

印度圣徒师利·奥罗宾多（Sri Aurobindo）曾经说道：“当人们开始放弃这个世界时，为什么他们首先放弃的是常识呢？”当你面对新鲜又奇妙的梦的世界时，你也许会觉得你正在舍弃过去狭隘的世界。但是请不要放弃常识。不要放弃对周围人的礼貌与尊重。释梦中的第四个步骤，身体仪式，是非常强大的工具，如果你建设性地运用它，它可以对你的生活产生深远的影响。但如果你愚蠢地或不负责任地运用它，它也会给你或他人带来许多麻烦。在做过于夸张或对抗性的事之前，要三思而后行，这些事会涉及他人和他们的情感。

就算是为了回应你的梦，你也不应该做那些让你陷入麻烦之事。你不应该陷入与他人毁灭性的对抗中。不要把你的梦当作行动的借口。

有时候，梦会使我们记起与他人之间的冲突。或许，它会激起我们“挣脱一切束缚”的内在渴望，想要摆脱社会的桎梏、责任或义务。在那样的情况下，你应该警惕不要做得太过火了，不要在没有经过长期和仔细思考的情况下就开始重新安排自己的生活或人际关系。“仓促行事”会造成很多的伤害。

我曾经有一位在研究生院念书的病人。他对自己的室友，也是他的好朋友很生气，因为他的室友没有责任心。一天晚上，我的病人梦见他生气地训斥了他的室友，而且以一场互殴结束。

当他醒来之后，他最初的冲动竟是去指责室友，骂他是个大混蛋，并要和他一决雌雄。但是最后他还是选择了分析自己的梦。他问道：“室友的意象代表的是我心中的哪一个人？”他开始意识到，最让他沮丧的是自己的不负责任，这让他不能完成自己的研究。他选择了他朋友的意象来代表他自己的懒惰和散漫。

当他进行到释梦中的第四步时，他问自己应该采取什么样的仪式来让梦变得具体。他仍然很想与他的朋友大打出手，但是他忍住了。

相反，他坐下来写了一封长信，写给需要成长、需要做出决定和长大成人的那部分自己。他写了好几页。他解释了自己了解到的一切，什么是承担责任，怎么做出选择和牺牲，怎样制订一个计划表——包括所有他的内在“室友”需要知道的事。

他把这封信装入一个信封中，写上自己的名字，然后去邮局举行了一次正式的投递仪式。第二天，他收到了这封信。当他打开这封写给自己的信时，他感到很震惊。他好像听到了无意识的声音，来自远方，正通过这封信与他交谈。此后的几周时间里，他每隔几日就给自己写一封信并投递出去。通过这些信件，梦中传递出的信息和含义更深地印刻在了他的意识中。这完全改变了他对人生的看法。

这一例子说明了这一原理：释梦中的第四个步骤不是你与惹你生气的人发生强烈的对抗，中止与他的关系，或做一些毁灭性的事。它也不是试图通过大量的谈话来“澄清问题”。那是死路一条。它应当是一次实质性的仪式，这次实质性的仪式将确认你对梦和它所描述的事件的个人责任。

如果你的确与外界的某人有一些未尽事宜，在你完成释梦，完成个人的仪式及为自己的迷惘肩负起责任之后，你也可以通过建设性和非对抗性的方式试着解决它。

你的仪式应该是精妙而低调、积极而正面的，这样你才能够从中得到最好的结果。

仪式是最强大的工具之一，它让人类实相的对立面得以整合。它是一门把我们分开的两部分联结起来的技术。原型的、精神上的“阳”需要与此时此地的“阴”联结。迷失在抽象与理论之中的男性精神，需要扎根于女性的土壤之中，需要直接感受女性灵魂。通往实相的女性面向的是具体化、物质（matter）、母亲（mother）、与大地的联结。所有这一切最直接的方法都集中在身体动作上。

你在梦中看到的世界实际上是存在于时空之外的内心世界。它的一些能量和信息必须进入此时此地的人类世界。它必须找到合适的路径进入你的日常生活。除非你好好体验它，否则你将不会知道它的真相。

释梦案例：四个流氓

为了切实可行地说明四个步骤，我将以一个梦为例，也请你与我一起参与其中。这是我多年前做的一个相对简短的梦。但是那些看似简单不起眼的梦能对做梦者产生翻天覆地的影响，这个梦对我来说也是如此。这个梦同样也说明了原型参照系是怎样与单纯的个人联想相联结，并制造出梦中信息的意义的。

下面是我所做的梦：

四个流氓之梦

我身处我的家乡，俄勒冈州波特兰。我正走在威廉姆斯大道上，我过去曾沿着这条街道去文法学校。这是我过去住的地方，它没有变样，还是我童年时候的样子。我路过了街角处的日本蔬果店，这个店还在那里。就像我正在参观自己以前住过的地方。我感到我在当下的年纪，但我回到了过去的地方。

我走过一块空地。我感到有什么东西潜伏在那里。我的直觉忽然告诉我，我会被人抢劫。我停了下来，从裤子后袋里取出钱包，把现金拿出来。我看到我有四十美元。我把现金放进我左边胸部之上的衬衫口袋中，然后把钱包放回了后袋。

四个年轻流氓从灌木丛中跳了出来把我团团围住。我知道这就是我预感到的那场抢劫。我知道逃跑无济于事：他们有四个人，而且他们比我更年轻更强壮。他们是“流浪者”，不费吹灰之力就能把我制服。

他们仔细地搜身，从我的鞋子开始一直向上。他们摸到我裤子后袋，发现了我的钱包，但里面没钱，所以他们继续搜。当他们摸到我左边的衬衫口袋时，找到了那四十美元。然而，在那个时候，他们与我在一起的时间已经很长了，他们与我发生了那么多的身体接触，他们已经“了解了我”。从某种意义上说，我们成了熟人，变成了朋友。

他们停止搜身，与我友好地交谈，但是没有拿走我的钱，因为现在我们已经是朋友了，人们当然不会拿走自己朋友的钱。我荒谬地因为这些流氓朋友而感到快乐，我非常喜欢他们。

第一步：联想

我们在仔细审视这个梦时，会用两种格式来说明两种不同的方法，你可以使用这两种方法把你的联想写在纸上。第一种格式非常简练。正如你在下面所看到的那样，我把象征写在左边的空白处，然后无论这个象征让我想起了什么，我都用最简洁的形式，把它们写下来。

第二种格式更有助于你在纸上与自己谈论你的联想。我也把第二种格式当作非正式的读者注解，解释我的一些联想是怎样出现的。你可以使用任意一种格式，或运用我们前面提到过的“辐射图表法”。

当你阅读这些内容时，你会发现每一个意象通常都会让我涌出许多联想，而真正能够“命中”，或适合最终解析的只有其中一些。实际上，你也许会发现自己在迂回曲折的过程中渐渐失去了耐心，一页接着一页，都是一些最终派不上用场的联想。

我故意把所有的联想都保留下来，这样你就可以看到一个人是怎么兜兜转转，以期望尝试所有不同的联想，找出“命中”的那一个，让它们吻合自己的内心部分，并最终建立联系，得出释梦结果。我花了两周时间回到这个梦中，进行联想，之后所有的内容才开始各就各位。但这是值得的：这个梦改变了我对自己的看法，改变了我的生活。

我对梦中象征的联想

威廉姆斯大道和老住所：没有冲突的童年时代：“伊甸园”。街道：孩子首次意识到人们聚集的地方，集体性，集体存在性的开始，乡愁。

威廉姆斯大道对我来说代表着“觉醒”之前和意识到生活中固有的分裂和冲突之前的童年时光。在那里度过童年，住在旧木屋里，是简单而快乐的。对我来说，威廉姆斯大道是一条街道：它是原型街道，形成了我对街道作为一个地方的全部感受，人们生活和聚集在这里，这里有商店、小型的文化中心及人类集体性的存在。我身处那个街区的“伊甸园”。那时我还没有认识到道德冲突、正确和错误，我还不知道世上存在着背叛和仇恨。这是前意识中的伊甸园。

日本蔬果商：来自不同文化的人。一种重仪式和典礼的文化，优雅而精致。它代表情感和关联性，没有投射、正式而严肃的关系。

首先浮现在我脑海中的是：这是我第一次遇到来自异域文化的人，他们让我感到好奇。有生以来第一次，我感到人与人之间的不同，认识到仪式化、优雅精致的做事之道。我记得一位来自日本的亲戚，身穿和服。我在旁边看到他们鞠躬，互相问候，惊叹于礼节的优美，守旧的日本人知道怎样表达礼貌和尊重，而我从来没有在波特兰的中产阶级，和我一样的盎格鲁人中，看到过这样的情况。

这个日本家庭也给我的家庭带来了一些礼仪和礼节感：每一年我的祖母都会送他们一篮丁香花。一天之后，作为回礼，我们总会收到一盒精致的年糕。

日本蔬果商开拓了我的视野，从那时起直到现在，我一直本能地将这种视野加以扩大。正是从那时起，我开始有了去日本和印度游览的冲动。我把它与我对佛教禅宗、东方哲学及印度教文化的自发兴趣联系起来。那个日本家庭在我心中集聚着某种崇高、高尚和美好的感觉，这些感觉是我在自己的文化中不曾体验到的。

几年之后，我意识到传统的东方人对我来说同样代表着温暖和建立关系的能力，这种能力与通过肤浅、偶然、造作和过分热情的方式“追求个人化”有所不同。许多美国人都用这种方式替代真正的情感和关系。日本文化，特别是禅宗文化，最能代表对内心世界、宗教体验及美感的真正尊重。所有这些联想都源于这一个象征。

空地：未发展=原始的、城市中央的荒地。被街道包围起来=局限、界限、形式、结构。但是空地没有形状是非开化的法外之地，是一片荒野。这里每一年不得不除草，因为火灾隐患，也因为这里是不法之徒的藏身之处。阴暗的地方：有阴影的地方？意识领域中出现的无意识。

对我来说，空地是城市中央一块未遭破坏的原始土地。它周围的一切都被开发过、发展过，供人类使用，但这块空地仍然像一块荒地。虽然这块空地被街道包围和限制（我认为对我来说这代表着“文明”），它却是“未开化”的。它就像一个“法外”之地，像罗宾汉的谢伍德森林，那里是流氓、大家通常所理解的“不法之徒”的藏身之地。我同样联想到了无意识和阴影：我内心中那个被意识包围的地方，但它处于阴影中，在意识的控制之外。

钱包：放钱的地方，因此代表保存资源的地方。信用卡、身份证，然后是钱包=向人们表达身份的方式。钱包通常放在裤子后袋里，把钱放在“臀部”。钱包=有用的东西，但也可以是用来炫耀的东西；矫饰的，一种虚假的安全感。

钱：四十美元=四。四=整体性、完整性、总体性，完整的圆或综合。钱是一种资源。能量？力量？代表心理的力量和动力、生命力、你投入的某种东西。把它放在“臀部”或胸部。它被投到了何处？它在哪里被投入使用？

这时候原型放大开始起作用。我知道数字在梦中非常重要，我也知道，在通常的象征中数字四代表完整、统一、整体和总体。美洲印第安人围绕着四方和四风（four winds）创建了他们的宗教。它代表着把个体的主要元素放在一起，构成一个完整的意识。

钱好似与资源有关：也许是身体或心理的能量，或者从更深的层面来说，是生命力。钱是可以用来投资的东西。因此，我把我的生命力、我的注意力、我的主要精力投入了哪里？资源同样是个人的能力、力量和智慧。你可以用钱来做某些事，钱象征着做实事的能力，可以用来完成某件事。钱是我们通过努力赚取的。它代表着我们从工作、学科和专业知识中积累的财富。

裤子后袋（hip pocket）：一个能量中心（意识的中心），接近臀部，人格中感官的、情感的一面，控制感官能量的中心。精神恍惚（to be hip）=吸鸦片的人。嬉皮士的起源（hippie）=最初吸毒。同样，“hip”一词=“在现场”，“知晓”正在发生的事（hip to what is going on），“了解隐语”（hip to the jive）。

另一个联想：“信口开河”（shooting from the hip）。[①]

在昆达里尼瑜伽[②]中，在臀部区域有一处脉轮[③]，是意识的能量中心。我认为它控制着感官能量，在瑜伽中象征原始的情绪和原始的、本能的动物能量。当一个人发展了这个意识能量中心之后，意识不得不移动到身体更高的脉轮中。因此，我把钱从臀部拿走，放到胸部位置可以理解为我生活的关注点已经离开了感官和“臀部”水平。

另一个命中的联想是“与它在一起”，或“在现场”的感受。我能想起自己投入精力试图“融入”一群人的例子，或者与他们发生联系，以便我能感到自己“是他们中的一分子”。

胸口左边的衬衫口袋：位于心脏之上。心脏的位置。心的价值观=情感价值观。情感功能。昆达里尼中的心轮[④]。把能量注入心中。与人们之间的情感关系。

---

①以上的这几段内容涉及英语中“hip”一词的不同含义及由它组成的短语。——译注

②又称能量瑜伽，是把体位法、调息、曼陀罗音乐和冥想动态组合在一起的课程，能让人放松、自我疗愈，以及自我提升。——译注

③脉轮是人体能量的中心，位于身体的中轴线上。瑜伽术认为人身上一共有七个脉轮，脉轮的运作情况影响着人的心理状态。——译注

④心轮是七个脉轮中的一个，位置在脊椎上胸骨的后方。——译注

这个梦就像一个神秘的故事，慢慢地在我面前展开。开始我不能就左边衬衫口袋联想到任何事。我感到把四十美元移到那个口袋中在某种意义上说是这个梦的要点，它制造了其他所有的事件。但是我绞尽脑汁也不能找出一个真正“命中”的联想。

我不知道我花了多少时间——好几天，也许是好几个星期——去尝试各种疯狂的联想。然后，我灵光一现，想到这个口袋在心脏之上，或者位于心脏的位置。如果裤子口袋可以被称为“后袋”，那么这个衬衫口袋则可以被称为“心袋”。联想如潮水般涌入。心的价值观就是情感价值观。心的层面就是情感层面。

在荣格的模型中，情感功能与情绪无关。情感和情绪是心理中不同的能量系统。当人们感受时，他们实际上正在分配价值。如果你觉得自己爱另一个人，你正把最高的重视分配给那个人，肯定那个人的价值和重要性。当你感到一件事物是漂亮的，你同样也在对这个事物进行评分或认识到这个事物的价值。

因此，感觉功能最好被称为评价功能。它是心灵对人物、事物和观点的认识，对高低价值的区分。正是你的感觉功能告诉你，从感觉上说，某人对你来说是否有益，是不是你的“养料”，或者对你有害。如果你的感觉功能有意识地运作，它就会告诉你，对你来说什么是对的，什么是毁灭性的。

一旦我发现衬衫口袋与心脏位置有关，关于昆达里尼瑜伽的联想就进一步展开了。心轮同样也处于心脏位置。这个能量中心能够制造和控制高级情感：爱的力量、对感觉精准的辨别力、对美的欣赏、精神感受、无私的爱以及与他人之间的关系。这个脉轮产生了真善美的情感。昆达里尼同样区分了情感和情绪。显而易见，粗糙原始的情感会使一个人变得“情绪化”或反复无常，这种情感与处于低等水平的脉轮有关，而来自心轮的情感更高级和“合理”。

流氓：不法之徒。“法外”之人=在意识或我的自我世界既定“秩序”之外的事物，处于社会法令之外，阴影。破坏者，因为他们抢钱，因此他们抢我的能量、力量和资源。四个流氓与四十美元有密切的关系。四=完整性、统一性、整体性。整体性体现在心理的“流氓”面？如果我没有把能量放在心脏位置，他们就会抢走它？一群人=“结伙来对付我”。

正如你所看到的那样，我的思维一直想要跳到释梦的第二个步骤中：我不自觉地思考这些流氓到底是内在自我中的哪一部分。我把他们联想为阴影，因为他们似乎生活在自我的“意识领域”，也就是说，文明化的城镇，但是他们又生活在阴暗、无意识的空地中，在我的意识和控制之外。他们是无意识，很明显被压抑着。我的部分男性面向正试图将它纳入意识自我，或将它进行整合。

鉴于他们是“不法之徒”，这对我来说意味着他们在我已经建立起来的自我世界之外，在我既定的态度或自我认知，以及我对自己的认识之外。

他们有四个人。可笑的是，这告诉我虽然他们是流氓和抢劫犯，但对我来说代表着整体性。这意味着我不得不将他们纳入我的意识生活，以便完善自我，成为一个完整的个体。

抢劫让我联想起一个基本的心理原则：如果你压抑自己的一部分，将它排斥在你的意识生活之外，它就会以抢劫者的身份出现，并通过制造神经症来“窃取”你的时间和精力。这就是它进入你生活的方式。它妨害了你，并阻止你做自己想做的事。“抢劫”可以表现为身体症状、疾病、神经症、焦虑，甚至“坏运气”，这种坏运气似乎“结伙来对付你”，与梦中的四个流氓的行为如出一辙。

梦中自我的毫无还手之力使我联想到无意识原型的力量通常比自我的力量更强大。如果自我拒绝整合无意识内容，无意识有足够的能力使自我停步不前。在梦中，我出现了停滞，如果我不能积极地改变这种状况，不久之后，我将会在实际生活中体验到这种“停滞”。

搜钱：梦中的身体接触表示心理各部分之间的沟通。两极之间的沟通：意识与无意识，自我与“流氓”，自我与阴影。心理的整合以冲突开始，以成为朋友而结束。寻找资源。找出我放钱的地方比找到钱本身更重要。

朋友，成为朋友：结束冲突，力量的结合，把对立面结合起来：高尚的自我与未开化的流氓。与其他部分的自我的整合。与阴影的整合。接受阴影的观点。沟通开始于冲突、抢劫。结束于整合或合作。向流氓学习。为人生中的“无法无天”腾出空间。如果把钱投资到正确的地方，和流氓成为朋友是可能的。

我们看到的梦中所有人物之间的互动都是总体自我各个部分之间的沟通。这里也许会有战斗、战争、爱、恨、友谊、仇恨——所有这一切都是两极之间的掠夺，是共存于我们内在的不同能量系统在变得“熟络”。

因此，搜钱的过程，是我的自我与“流氓”之间一种奇怪的沟通；阴影，是我自己的一部分。大部分的心灵沟通始于冲突。我们无意识中的人格不得不通过战斗争取“均等机会”，获得一些认同，对抗占主导地位的意识态度和动力系统。但是战斗、抢劫或某种形式的对抗，总比全然无接触要好。如果自我能够从冲突中学会接纳阴影面的观点和价值观，那么，冲突将慢慢地发展为友谊和合作。

第二步：把梦中意象应用于具体的那部分自己和内在生活中

威廉姆斯大道：我现在正试图找出威廉姆斯大道所代表的那部分自己和它所代表的心中的真实动力。

一个命中的联想是伊甸园：也就是说，它是最初的、完整的童年状态。在这种状态中，一个人不会感到世界的分裂。一个人感到与父母、家庭、周围的世界是完全合一的。他不必应对不和谐的问题，也没有冲突。

为什么它会出现在梦中呢？它与我心中的什么相吻合？童年中某些事情的出现可能预示这个梦涉及某人一生的总体画面，从童年到现在的持续进步或发展。因此，我能够找到一条从一个发展阶段到另一个发展阶段的通道。

这里的线索是日本蔬果商。我怎样才能找出日本家庭和威廉姆斯大道之间的共同点呢？如果我把这看作不同的发展阶段和影响的话，事情就变得一目了然了：威廉姆斯大道是我对这个世界的基本定位，存在于我作为一个孩子的、白人的、中产阶级的、外向的、以情感为导向的态度中。

我人格中的异国元素不可避免地将与我童年的盎格鲁世界发生冲突，这正是街角的日本家庭所代表的。它是内倾的，是我的情感面，我的心的品质，是与我的盎格鲁文化完全不同的一系列价值观。

据说梦有四个发展阶段，所有这四个阶段都必须呈现出来才能构成一个完整的梦：

1. 剧中人（地点和人物）；

2. 问题的阐述；

3. 梦中对问题的回应（进展）；

4. 减退（结局，或问题的解决）。

最初的场景是威廉姆斯大道，那是我固有的拘谨、外倾、实际的盎格鲁世界。当我看到日本蔬果商的时候，问题出现了。问题是与代表对立价值观的文化的邂逅，发生在童年早期。但是那种文化唤醒了这个孩子对立的价值观，它们一直存在于他的心中，处于休眠状态，等待着被唤醒。这是贯穿一生的与阴影的邂逅的开始，是自我完善的运动的开始。

后来，将四十美元重新放在心脏的位置，以及被四个流氓抢劫，都是对这个问题的回应以及这个问题的发展。

因此，为了把事情说得更明白，我会问这个问题：威廉姆斯大道代表我的哪一部分？我的回答是它是我当前自我结构的根源，是我的价值体系的源头，这种价值体系后来变成了我对生活的态度的主要面向和观点。对于这个梦来说，重要的是，这种态度的主要面向是对情感的压抑，是为情感而感到难堪，把它等同于让人尴尬的唯情论。在这种文化中，大多数人会用理性代替真实的情感。

日本蔬果商：似乎有一种单独的小“文明”存在于我的心中，它就像古老的日本禅宗文化。这部分我聚焦于我的内心事物、灵魂生活，关注原型，寻找内心的和谐和意识。甚至我内心的日本文化所关注的外部事件——和服之美、人际关系中的礼节和礼貌、表达尊重和做事的优雅方式——都是人们为之努力的内心领域和谐的外在象征。它们同样把我带回神圣的世界中。我觉得它们是“内在魅力的外在标志”。

我出生在威廉姆斯大道，这个世界教会我把注意力放在外部事物上：过上体面的生活、付清账单、把事情做好、把房子建起来、在花园种好植物、与邻里友好相处、受到人们的尊重。这些品质在生活中有其价值和实用性，但是这之中没有内心世界的一席之地。

它是我的“日本”部分，它对中世纪的基督教原型、禅宗、印度教、伟大的神话充满兴趣。这一部分的我在其他文化和宗教中发掘崇高、高尚和美好的品质。

但是，我最主要的联想是我的内倾情感特性。这与后面梦中的“心脏”联系起来。它是一种人际交往能力，在最好的情况下，它不会变成随性而造作的多愁善感或具有“个人性”。它注重的不是短期的甜言蜜语或情感流露，而是人际关系中的忠诚和实质。

空地：这看起来像我心中的一个“地方”，它被我的自我结构或意识（城市街道）团团包围，却是一小块无意识的荒原，不被自我控制。在那里，天性可以随心所欲，我的阴影也可以躲藏起来。

我能够在自己的生活中找出具体的事物来对应这个地方吗？我知道我的人格中存在着可笑的“地方”、过失或缺陷，那时我忽然变得野蛮，毫无顾忌。我好像突然回到了森林或丛林中。它们让我羞愧难当，我试图控制它们，但通常情况下都以失败而告终。

然而我一直知道，有时候我心中的这些区域比其他任何地方都更具自发性、生命力、情感和天然的人性。我却试着严格地控制所有这些“空地”，让它们变得高尚，所以我常常压抑了自己最好或最自然的那部分。

我努力地定期镇压自己人格中的这些领域——很像消防队清除死去的杂草从而消除火灾隐患——让这个地方更有意识、更开化。但是与之相反，我也决定让这些野草和野花不受干扰地生长。

我把这种情形与我心中的情感面联系起来。我突然对人们充满了热情。突然之间，我喜欢上了某些人，想要为他们做点什么或与他们待在一起。我突然之间卸下了正经、克制、“文明”的英国绅士的人格面具，让自己对某人的爱或欣赏之情随着自发爆发的热情涌现出来。我常常为此感到难堪，也害怕自己会令他人难堪，或让事情“失控”。但是这样的事时常降临到我身上，开启了许多温暖、美好的友谊。它为我带来了深厚、令人满意的人际关系，这些人遍布各个国家和文化之中。

心中的这片“空地”时常让我进退两难。我一直在想，我应该清理它，发展它，让它处于控制之下。但是随后我决定最好还是顺其自然。有时，在爱与情感的土地上，野草和野花要比经过整饰的花园更胜一筹。

钱包与钱： 根据我的联想，我认为钱指代的是我的内在资源、我主要的能量和生命力。这个梦的问题焦点在于我把自己的能量和生命聚焦在哪里。钱是用来投资的，我把自己的主要精力和资源投到了哪里？我人生的主要目的和意义又在哪里？用通俗的话来讲，我把自己的钱“押”在了什么地方？我“言出必行，付诸实践”了吗？

钱里的“四”这个数字告诉我，这不是微不足道的事。这是我主要的生命能量，是我人生的推动力、方向或义务。我在梦中放钱的地方象征了我投入全部的身心、我的生命、我最大能力的地方。我将用它们来实现怎样的价值、怎样的生活呢？

裤子后袋： 我把这个意象与好几个重叠的集体态度系统或我内在的信仰，一种基本的、不自觉的、理所当然地看待事情的方式联结起来。首先，这是一种想要成为“其中一分子”，成为一群人中的一员，想要进入或成为“现场”一部分的态度。同时，我也把它联想成“嬉皮士”模式，他们谈论“和平”与“博爱”，但实际上在多愁善感的话语之后，还隐藏着其他的动机。所有这一切都加深了对深层情感的集体模仿，但是这的确不失为一种交流方法。通过这种方式，人们可以与他人保持一致或顺应潮流。因此，我认为把我的钱从下面移到心脏位置是在告诉我，我必须将钱从集体的情绪和情感表达方式上移开，让自己投入与个体的真正情感关系中，投入真正对我有意义的价值中。

左胸之上的衬衫口袋：在第一步中，两个观点强烈地“击中”了我。一个是心脏，代表心灵的价值观。另一个是昆达里尼瑜伽中的心轮。不管是它们中的哪一个，我都把它们与我内心的情感功能和心中的情感生活联系起来。

在第一步中，我解释过什么是情感功能以及情绪与情感之间的区别。我花了很长时间才把这个细节——左边的衬衫口袋——与我自己的情感面联系起来。这是因为我从来没有想过自己是一个感性的人。我认为“感性的人”都非常情绪化。我认为，我天生不擅于表达情绪，也不能忍受多愁善感，因此，我不是一个感性的人，相反，我更擅长思考或判断。

正是这个关于心脏的联想让我做了更仔细的观察，并认识到荣格所说的“情感型”或情感功能并不是指“情绪化”。这一象征迫使我更仔细地审视自己。我开始意识到真正激励我的——我不愿意让它成为自己生活的中心——都是情感面：那些赢得我的爱，我感觉到他们卓越品质的人；那些让我投入和信守的价值观。正是这些情感关系，这些我从人们身上看到和感受到的价值，为我的人生注入了活力，使它有了重心。在整个人生中，深深地激励我、鞭策我的，是美和高贵，是我在与我有关联的人的身上看到的内在品质。

直到我做这个梦之前，我一直在试图压抑自己内心的这股能量，不重视它，把它藏起来。我成长的家庭和文化中，情感是不能公开表露的。它被认为是令人尴尬、靠不住、不实际的。如果交响乐让你太过感动，人们会觉得你有些奇怪。如果你的感情太过外露，人们会感到不自在。那些按自己的内心，而不是按冷静的现实做决定的人都会被认为不可靠。去感受，去强烈地爱，为某人身上的美好、某些天性，或某种价值着迷，所有这一切都是不恰当的，不会被社会接纳。

做了这个梦之后，我与这个象征进行了互动。在这个过程中，我发现了自己的人格类型及我的内心法则——我发现我自己是内倾情感型，而且我生命的主要动力与我之前想的截然不同。因此，我识别出了自己与这个象征相呼应的那一部分——我发现了我内在生活中一系列具体的动力，它让这部分的我付诸行动。

我把钱移到这个口袋里，这对我来说似乎代表着我对能量、能力和人生的重新投资，将其投入情感功能中。我感到它代表着投入一种新的意识中心里，与心脏和心轮相对应。

流氓： 在第一个步骤中，我说过我把流氓联想成我内心的阴影，那是另一个自我。它不为我所知，包含着我人格中的某些方面，现在已经被整合进了我的自我观点中。我不得不找出阴影在我生活中的具体方面是如何发挥作用的。

如果我再一次仔细审视自己的梦，将它看作一系列的发展阶段，有些事情会变得更清晰一些。流氓似乎是另一种复杂性在我威廉姆斯大道背景的重现，与那个日本蔬果商一样。问题在于，内倾的情感品质出现在我的生活中，与我接受的盎格鲁文化和训练发生了激烈的冲突。它首先出现在日本家庭中。随后，它再次出现，冲突以阴影的形式和流氓的特质进一步得到发展。

这种内倾情感品质是我所拥有的。但是它不能在我的自我世界中找到一个体面的地方生活下来。因此，它被压抑在一块空地中，我意识之中的一小块无意识土地上。我的自我把这部分我看作“流氓”，但鉴于流氓有四个人，这个梦也告诉我流氓是我的重要组成部分，我需要他们来成就自己的完整性。

这些阴影部分以“流氓”的身份呈现，另一个原因在于他们被迫过着“犯罪生活”，或者可以这样说，他们是为了在自我和自我价值占主导地位的世界中生存下来。比如，如果一个情感型的人拒绝显示自己的情感面，他的阴影将从他身上窃取能量并把能量投入他的情感面。大多数情况下，这都在强迫的情况下完成：我们违背自己的意愿陷入爱情之中。我们的心忽然变得疯狂，对冷静、泰然自若的思维置之不理，保持秩序和尊严变得徒劳。

我们的流氓情感同样通过使我们陷入抑郁或其他情绪中来窃取能量。它让我们出现身体疾病。抑郁、喜怒无常和疾病制造出相对低级的情感生活，但是显然无意识觉得有总好过于无。我们的内在流氓同样会扮演一个高尚的角色：就像侠盗罗宾汉一样，他们劫富济贫。他们在我们富有的自我世界中盗窃，用所盗之物接济我们不被滋养的情感功能。

我可以看到这一部分自己同样在我的生活中通过其他方式发挥着作用：这个梦显示，我与流氓阴影之间的冲突一直在持续，直到最后我们变成了朋友。为了制止抢劫的发生、能量的丢失，并且与他们成为朋友，我必须做的一件重要的事就是把我的钱放到另一个地方——心脏的位置。我可以看到多年以来我一直和我的内倾情感面发生着冲突，它也在一直不停地打劫我，通过强迫，通过抑郁，通过心身的疾病。而最后，现在，我可以看到我能够把钱放在心脏的位置，承认自己真实的情感天性，并与我的流氓们成了朋友。

解析结果

你也许注意到了，在第二个步骤中我有些忘乎所以，兴奋地进行了许多切实的解析——发展了这个梦的概要，看到了这个梦的发展阶段，全盘了解这个梦——而这实际上应该是在第三步的解析阶段做的事。有时，这样的事的确会发生。你正在进行第一步或第二步时，忽然你灵光一现，开始把整个梦融会贯通起来。这很好。只要我们最终能成功地解析这个梦，就算你一次性完成所有的解析也没有关系。

因此，我的解析可能会更短、更切中要害。我可以直接问："这个梦对我、对我的人生有什么主要的、总体的意义？"

首先，这个梦告诉我，我与我所认为的自己截然不同，我有权利，也有义务，过上与真实的自己相一致的生活。在做了这个梦之后，我发现自己是内倾情感型的人。我生活的重心必须集中在我的情感价值和与周围世界，特别是与人们之间的情感关系上。

现在，在实践中，在我生活的方式中，这对我意味着什么呢？我可以鼓起勇气有意识地投入情感世界中。我可以花大量的时间和精力来寻求友谊，建立与人们之间的关系。我可以把时间用在对我来说有深远意义的活动和主题上。最重要的是，当我这样做的时候，我不再有罪恶感，不再感到屈从了自己的"流氓"面。当我做一些"有益"

的事时，我享受着人们温暖的陪伴。

这个梦的精髓是重新安放能量：把能量从其他地方移到人生的“心脏”位置——情感层面。我不必再耗费生命努力合乎逻辑、理智地思考了。

这个梦正确地告诉我，我需要考虑我的整个人生，以及做这个梦之前生活的缓慢发展过程。这个发展开始于童年时期的“伊甸园”，在那里，我假设人生只有一种生活态度，那就是我的中产阶级、波特兰盎格鲁的家庭和社区。这成了我主要的态度体系，这种态度体系在很长时期内左右了我的生活，决定了我的社会人格和自我概念。

这一发展中的“问题”——每个人都会面对这样的冲突，只有这样才会成长——用一个日本家庭来象征，那时我还是一个孩子。日本家庭代表一种内倾情感文化，与我自己的文化相冲突，在我灵魂的隐秘地方引起了不自觉的共振。那种冲动，在没有情感的文化中，变成了我无意识中的“流氓”，被流放于空地上，被隐藏了起来。

这个梦的减退（解决方法）、这种冲突的解决、心理分裂的疗愈，以这种“重新放置能量”的形式实现，用把钱放在心脏位置来象征。这意味着我可以，也必须围绕情感价值，围绕成为一个情感型的人来重新定义我的生活。当我的内在流氓发现我愿意重新放置自己的能量，我们之间便没有什么可以去争斗的。

结语

在解析“四个流氓之梦”的最后，我不知道用什么样的仪式来进行第四个步骤。我花了很长时间来充分理解这个梦的隐喻。然而我没有意识到我最终会改变我人生的整个焦点，把我与人们之间的情感交流当成重中之重。但是我知道我应该做些什么，因此，我找到了一块空地，下了车，绕着它转了几圈。这发生了作用；它让我与这个梦产生了联结。然后，我将它暂时放在一边。

几个月之后，我碰巧去了俄勒冈州的波特兰。我记起了自己的梦，于是决定实地到我梦中出现过的地方走走，这样，我就可以举行一次伟大的仪式重新与我的梦联结。因此，我回到了这个场景中——既回到了我的童年，又命中注定般与我的情感面相遇了。

我发现威廉姆斯大道已经变了模样。我从我的老房子前出发，走在梦中走过的街道上。我路过了日本蔬果店。这间房子还在那里，现在已经是一家酒馆了。我一直走，有些吃惊地发现那块空地还在那里，虽然多年以后它已经被茂密的树丛和灌木掩盖。莫名其妙地，我开始不由自主地害怕。我不再身处外部世界；我在我的梦中。

忽然，当我慢慢穿过空地时，一个年轻人从树丛中走出来，向我走来。好吧，这一天终于到了，我想：我要被抢了，和在梦中一样。和梦中的流氓一样，他也是流浪汉。他打量着我，觉得我不见了什么东西，正在寻找。当然，他无从知晓我正在找寻对梦更深的理解，我正走在自己的梦中。

因此，他开始向我提问，问我想不想要大麻。答案当然是不。那么，可卡因呢？不。想要找女人吗？不。海洛因？不。他穷尽了所有的可能性，最后问道："那么，好吧，你想要什么？"

我的脑海中闪过一个念头，我可以告诉他我想要与自己梦中的流氓说话，我想要穿过日本蔬果店和这块空地，直到找到多年前弄丢的那部分自己。我可以告诉他我正走在自己的梦中，而他也走了进来，加入了进来。也许他可以理解我的意思。但是我没有这样做。那时候，我的梦中世界与现实世界完全混在一起。我继续走，回到车上，"逃离了现场"。

在我完成这次仪式之后，我已经尽我所能触及了梦的多个层面。它已经成了我生命中生动的一部分，我在头脑中反复体会这段经历。那些象征和意义在我心中渐渐变得清晰，根据我对自己的新认识，我渐渐改变了自己的生活，而梦已经在我的头脑中播下了这些新知识的种子。

新的认识是什么呢？这个梦迫使我意识到，对我来说生命中最重要的是友谊和与他人的情感交流。我不必认识许多人，但是我需要能进行深层次沟通的好朋友，无论是为了交流思想，还是仅仅是为了快乐地待在一起。

为了响应梦的号召，我下定决心去印度，走访一种古老的文化。在那里，人们仍然通过古老氏族和部落相互产生关联；在那里，温暖、情感和人们之间的交流比逻辑、秩序和成果更可贵。我对印度进行了一系列的访问，东方世界给了我一种新的思想和参考观点，与我过去主张的思想不一样。我真正感受到了生活在人们中间是怎样的感觉，这些人把爱、情感和人们之间的交流看得比什么都重要；我感到轻松愉快。

回到美国之后，这个梦继续在我身上发挥作用。我开始脱离标准的美国生活方式，不再一味地追求目标，为超负荷的工作计划打拼，也不再时常感到重压和最后期限的逼迫，不再忙着挣钱和给人们留下深刻的印象。这是一个漫长的过程。但是几年之后，我可以说，我现在的生活已经发生了很大的变化，与我梦到四个流氓时已有不同。现在我会花时间放松，访问朋友，在花园里摆弄花花草草，听音乐，进行积极想象。这一系列变化都得益于这个梦，以及内在的新态度的演化，我对真实自己的全新认识都在看到这个梦的象征之后开始发展了。

我希望，这些步骤和我们一起探索的实际例子，能让你更容易着手释梦，并找出在梦中等待着你的智慧。记住，无意识不会停止表达自己，它会一直自发地制造出所有的联想和参考，你需要借助这些联想和参考来理解自己的梦。我们所需要的，从根本上说，是你的努力：你愿意开始和遵循这些步骤。

你也许不想只局限于本书，你也许想要阅读更多关于梦的属性和象征的书籍，或更多关于荣格观点的书籍。但是，从根本上说，你会发现，在你和你对梦的理解中，最重要的是写下第一个梦中意象，然后再写下浮现在你脑海中的第一个联想。

从第一个行动开始——重要的手脑运动，你便揭开了神奇而奇妙的内在秘密的帘幕，你的无意识已经做好了完成这项工作的准备。

第三部分

积极想象

积极想象的四个步骤是：1. 邀请无意识；2. 对话和体验；3. 增加价值观的道德元素；4. 用身体仪式使之更具体。

第十二章　定义及走近积极想象

下面的章节中，我们将探索积极想象的技术，学习进行积极想象的四个步骤。在开始之前，我们每个人都必须采取一个基本的预防措施：你必须确保你能向某人求助，以免你被想象吞没，无法自拔。

对大多数人来说，这都不是一个问题。事实上，大多数人的困难在于着手开始积极想象。少数人会完全被意象流占据，一旦他们进入一次特别强有力的积极想象，就会深陷其中。他们的思绪迷失在幻想世界之中，不能回到此时此刻的现实世界。因此，我建议，在进行积极想象之前，大家最好找一位分析师或一个熟悉这门技术的非专业人士来帮助你，这样，在需要的情况下，他可以把你拉回到现实中来。

曾经有一次，某人在早晨进行积极想象，然后他去上班或开始一天的日程安排，却发现想象又回来了，占据了整个意识，试图继续完成它未完的故事或对话。如果发生这样的事，人们也许很难再继续手上的工作。在这种情况下，你最好打电话给治疗师或朋友，让他们帮你从不自觉出现的积极想象中脱离出来。

有极少数人容易迷失在幻想世界中，不能找到回来的路。这样的人最好不要进行积极想象，他们应该找到更合适的方法联结其内心世界。

如果你对积极想象存在任何疑问，在采取这项技术之前，请咨询荣格学派的分析师。

我这样说并非不赞成你进行内在工作，但是无意识的力量很强大，如果你想要靠近它，敬畏和谨慎是必不可少的。抱着这种态度，我们才能够从内在工作中受益，同时又保护自己不受无意识势不可挡之力之害。

积极想象与被动幻想的区别

积极想象是对想象的力量的特殊运用，它是荣格在20世纪早期发展出来的。虽然许多人运用过这一技术，它的巨大价值也得到了很好的证明，但是在荣格学派之外，人们对它知之甚少。在那些对它有所耳闻的人中，许多人都觉得对它的了解不够深入，还不足以用于实践。

在这个部分中，我们将探索积极想象的基本概念，看一些案例，并学习一种按部就班的方法。你可以按照这种方法开始自己的积极想象。

从根本上说，积极想象是一种对话，是你进入无意识中，与生活在那里的自己的不同部分对话。从某种程度上说，它与做梦类似，但在这个过程中你是完全清醒和有意识的。实际上，这也是这一技术与众不同的原因。你进入的不是梦，而是醒着时的想象。你让意象从无意识中浮现出来，它们在想象中靠近你，正如在你睡着时它们进入到你的梦一样。

在你的想象中，你开始与你的意象对话，与它们互动。它们做出相应的回答。你会吃惊地发现它们表达的观点与你的意识观点全然不同。它们告诉你的事都是你的意识所不知道的，表达出的思想也是你的意识从未触及的。

许多人在他们的积极想象中进行大量的交谈，与内在人物交换观点，试图在对立的观点中找到中庸之道，甚至向无意识中的智者询问建议。但并非所有的对话都是通过语言完成的。

关于现代形式的积极想象的最早记载也许是荣格的一次异象体验。在这次体验中荣格没有说话，但他的意识和头脑中出现的无意识意象进行了深入的交流。这是荣格经历过的体验之一，他能够进入自己的幻想或想象中，有意识地参与其中，在意识与无意识能量系统之间进行积极的交流。

我再一次坐在书桌前，反复思考自己的恐惧。然后我让自己进入这种情绪之中。忽然，地面好像在我的脚下裂开了，我跌入了黑暗的深渊。我不能克服心中的恐慌。但是接着，突然，在一处不太深的地方，我的脚落在了一块柔软、黏黏的东西上。虽然周围一片漆黑，但我还是大大地松了一口气。一会儿之后，我的眼睛开始习惯周围的黑暗，这种黑暗更像深沉的暮色。在我面前的是一个黑洞的入口，洞口站着一个皮肤皱皱巴巴的小矮人，好像被做成了木乃伊的样子。我从他的身边挤进狭窄的洞口，涉水来到洞穴的另一端，洞里的水很冰，有膝盖那么高。在这里，在一块突出的岩石上，我看到了一块红水晶闪闪发光。我一把抓住了这块石头，把它举起来，发现下面是空的。最初我什么也看不到，但是后来我看到了那里有一条流动的河流。一具尸体漂了过去，是一个头发金黄的年轻人，头部有一道伤口。他的后面跟着一个巨大的黑色甲虫，再后面是一个红色、新生的太阳，从水底下升了起来……（Jung，*Memories*，*Dreams*，*Reflections*，p.179）

通过积极想象，我们越来越清楚地看到出现在想象中的意象实际上是一些象征，代表我们内心深处的那部分自己。和梦的意象一样，它们象征着我们的无意识内容。因为这些内心存在具有“自己的思维”，所以它们的所说所为对我们来说都是新鲜的——它们令人震惊，常常使人振聋发聩，有时会攻击我们的自我。

虽然荣格对梦评价甚高，但他还是觉得积极想象是更有效地进入无意识的途径。两者的区别是：如果你做梦，你接收到来自无意识的信号，但是意识并不参与其中。当你醒来时，意识会记起这个梦并思考它的意义，但是在做梦的过程中，意识不能积极参与。在积极想象中，却正好相反，意识是清醒的。它会自觉地参与到这个过程中来。

在梦中，所有的事情完全在无意识层面进行。在积极想象中，事情发生在想象层面，它既不完全属于意识也不完全属于无意识，是两者的交汇之地和共有的地方。在这里两者平等会面，并一起制造联合两者元素的新的生活体验。意识和无意识在想象中互相融合，好像两条河流交汇成一条强大的洋流。它们互为补充，开始共同工作。因此，你的完整性开始统一。意识与无意识的对话产生了超越功能①、自性，这代表着两者之间的整合。

当某人开始进行积极想象时，一个奇怪的事实是，梦会戏剧般地减少，如果你认真对待这个技术，把它当作一种冥想方

①客体心灵形成协调的象征的能力，这被称为超越功能（transcendent function）。之所以如此称呼，是因为它能超越意识层次的紧张对立。在这一过程里，冲突未必消失，但它超越了对立状态，彼此相对化了。——译注

法，你的确会在它以梦的形式出现之前吸收无意识的内容。那些会在梦中出现的问题已经在积极想象中出现并解决了。

因为梦与积极想象的这种关系，荣格常常把积极想象介绍给那些很爱做梦的人，这些人每晚都会做大量的梦，搞得自己不知所措，他们根本分析不了这么多的梦。当你开始时不时地进行积极想象时，你会发现梦的数量减少了，内容变得更集中，更少重复。在你在积极想象中处理过问题后，你的梦就不必一再重复它们了。

积极想象的精髓是你有意识地参与到想象体验中。这种想象是积极的，因为自我的确会深入到内心世界中，走走谈谈、对峙争辩，与它在这里发现的人交朋友或交战。在想象中，你有意识地参与到这出戏中。你与剧中的其他演员交换观点，一起冒险，并最终从彼此身上学习。

这种特性使得积极想象与平常的被动幻想有所不同。被动幻想是做白日梦：你单纯地坐着看到幻想在你的思绪中流动，好像看电影一样。你不会有意识地参与被动幻想；你不会反思发生的事；不论发生了什么，你都不需要采取独立的、合乎道德标准的立场。

无意识中的意象同样也会出现在被动幻想中。但是由于我们不能有意识地进入无意识，它更像在浪费时间和精力。幻想中出现的事件或问题不会得到解决。大多数这样的幻想只不过是在我们思想的边缘地带不断地重复它们自己，直到把自己和我们都搞得精疲力竭。这个过程中没有发展，因为自我不会作为一股有意识的独立力量去面对或进入幻想情境。

担心现象就是很好的例子。担心就是一种被动幻想。我们大多数人都会因为某事没日没夜地担心。我们头脑中会出现某种幻想，在这种幻想中，我们取得了胜利，每件事都进行得很顺利。接着，相反的幻想，担心幻想出现了。在这个幻想中，我们被打败，被羞辱。只要我们被动地坐下来，被担心幻想控制，事情就永远得不到解决。但是在积极想象中，我们可以进入担心之中，主动地面对它，与它对话，找出与我们发生冲突的人或事，并对它做点什么。

你会发现，在积极想象的所有例子中，我们都是用第一人称来审视这个故事："我"总是在那里。"我"去到某个地方。"我"看到了这个意象。"我"与它互动。这个"我"不得不在那里，与其他人物交流，否则自我就不能参与其中。

除非你将自己的情感和情绪投入这场戏中，否则它便不能被称为"积极"。"我"产生了情绪反应：我对发生的事感到高兴、有兴趣、悲伤或愤怒。如果这是一种外部的身体体验，这个"我"必须尽可能地参与到想象行为中。虽然这只是一种象征性的体验，但是它仍然涉及真实的情感，是一种真实的体验。

通过你的积极参与，你把不自觉的被动幻想转化成高度自觉的、强有力的想象行为。当你正确完成积极想象之后，你破碎或处于冲突中的不同部分将建立联结；它会有力地唤醒你内心的声音，会为你处于战争中的自我和无意识带来和平与合作。

这门技术的主要目的在于为自我和通常与我们断开的那部分无意识提供沟通机会。当你进行积极想象时，你的心灵发生了变化。自我与无意识之间的关系也发生了改变。如果自我态度和无意识价值观之间存在着神经官能性失衡，两者之间的差距可以被缩小，互为补足的对立双方可以结合。它建立了一条通往完整性的道路，通往此人对更大的完整性的感知的道路。这仅仅是因为此人学会了与内在的自己进行交流。

积极想象的例子：与内在艺术家的交谈

为了让我们的讨论更具体，我现在将讲述一个积极想象的例子。这个例子是一个女人记录下来的。它是一系列例子中的第一个，在后面的章节中，我们还将看到更多的例子。这些例子会为你提供更清晰的概念，让你知道当普通人坐下来进行积极想象时，他们是怎么做的：他们怎样接近积极想象，怎样把它记录下来，以及积极想象在内在工作中起到什么不同的作用。

通过这些例子，你应该清楚这一点：你不应该去“装扮”自己的想象，让它看起来合情合理、符合语法，或对它“精雕细刻”。我们的目的是忠实地体验和记录从你无意识中流淌出的一切内容，以它原始的、自发的形式。你不是为他人进行创造性写作。这是你与你自己的无意识之间的问题。因此，当它自发地从你的无意识中涌现时，你应该保持它本来未经加工、天然、不合逻辑、令人尴尬、美好或顽固不化的模样。这样，你得到的结果才会更可靠——也更真实。

这个积极想象的特别例子来自一个女人。有一天晚上，她发现自己躺在床上睡不着，因为她老是想着自己重新粉刷房子的事：选颜色、买涂料、刷漆。她为了这事搞得自己筋疲力尽。但是她发现自己睡不着觉，因为颜色的混合及颜色、布艺和家具的不同搭配方式一直在她的脑海中，直到半夜她还在想着这件事，根本停不下来。

因为她之前曾经进行过积极想象，因此她便想到进入她的想象，找出一种可以代表这种困扰的意象。她想要找出心中正遭受困扰的那部分自己，与它对话。

这是最好地运用积极想象的例子之一：把无意识中看不到的内容拟人化，以意象的形式让它浮出表面，这样你便可以和它对话了。

我们的无意识中常常有一些模糊和看不见的东西，这些东西困扰着我们。我们可以感到内心的冲突，但是我们不知道到底发生了什么。我们不能把它和特殊或具体的事联系起来。我们感受到了影响，但它很模糊、缥缈，我们不能“驾驭它”。有时，它是一种难以言表的、游离的愤怒。我们不能说出愤怒的原因，或对象——我们只能感受到愤怒的存在。生气、担心、沮丧、膨胀和困扰都在此列。

当这样的事情发生时，你可以在想象中走进无意识，要求看不见的内容将自己拟人化。你可以用这样的问题开始你的积极联想：这个困扰在哪里？谁被困扰了？这种情绪从何而来？我心中的谁感受到了这一点？它的意象是什么？他或她看起来是什么样子的？

如果你这样做了，一个意象最终会出现在你的脑海中。这个意象可能会将困扰拟人化，或者它会代表你的某一部分，这部分你此时正制造着这种影响——他是受到困扰、感到沮丧、喜怒无常或愤怒的那个人。

下面就是这个女人的体验。半夜里，它仍在她的心中流淌。事后，她在圆括号中写了一些注解：

我的积极想象

在重新粉刷内墙的那段日子里，我对颜色和设计、和谐与平衡的热情被唤起了。然而，在粉刷的过程中，这种“兴趣”完全占据了我的思维。我不能入睡，我满脑子想着调色和排列设计。本来很有趣的一件事变成了我的困扰。

这个过程已经有了自己的生命；它正占据我所有的资源；它已经完全脱离了我的意识控制。虽然巨大的能量被释放出来，但我的心力正被消耗。我对丈夫没了耐心，时常对他发脾气。他不能理解我对这事哪来这么大的激情。

约束我自己，把我心中的这种巨大能量标注为“消极的阿尼姆斯”或依恋是不够的。虽然我也感到这种困扰是一种“消极”的力量，但是我并不认为它消极得离谱。这是一个未被挖掘的新的活力源泉。对它加以控制只会压制这一新资源，让它退回阴影中。我会失去了解它的机会。因此，我问：“忽然之间吸引我的是什么？”在午夜时分，我与那种内心“能量”进行了一次对话，试图找出它是谁，它想要什么。

当我在笔记本上记录时，E代表“自我”，我的意识正在说话。JA代表后来出现的一位日本艺术家的声音。最初我不能看到是谁在说话。

E：这里发生了什么？我被一种不明的力量控制。我的眼前接二连三地出现各样颜色，我不能入睡。你在做什么？你想干什么？你是谁？

（声音听起来像一位女性的声音）：这些颜色多么可爱啊！看看它们是多么相得益彰！看看它们是怎样唤起天性中的不同面向的。特别是这些，与书架木料的色调相映生辉……

E：对不起，打扰一下。是的，它确实很可爱，但是我很累，我的生活中还有其他事需要我担心。还有其他事需要我去努力。你已经耗尽了我的所有精力。

那个时候，我开始意识到，比起我心中的这个女性声音，对颜色的兴奋带给我的困扰更大。

（声音）：我清楚地知道要把这里造就成什么样子。我正在试图找到合适的工具。我们必须找到合适的布艺、颜料和设计来完成它，将它变为现实。

E：这很好。但是你有必要整晚都这样吗？

JA：哦，是的。我明白你的意思。

这个人物对我来说渐渐变得清晰。这是一个日本人。最初，它看起来像一个男性人物，但是现在我看到它非男非女，雌雄同体。我感到它是一个艺术家，穿着一件橙色的禅衣。这个存在一直没有说话，好像受了伤。我忽然间“追踪”到它的人格：我“知道”它很敏感，它的视野来自对物质本质一丝不苟的欣赏。我感到自己不愿失去这个存在。我感到我的愤怒和沮丧正在蒸发。我对这个生灵充满了兴趣。

E：请不要离开。我没有生气。我们可以达成一个协议，这样我们双方都可以茁壮成长。你为什么要把我逼得这么急呢？

JA：我害怕。

E：害怕什么？

JA：我害怕自己又被关起来。

E：被关起来？

JA：我真的很少有机会表达自己。当门向我打开时，我必须得很快很紧张地工作。否则一切很快就会结束，我又会再次被关起来。

E：我开始明白你的意思了。在我的生活中，你很少有展示的机会，因此我几乎不知道你的存在。我生活的文化中没有你的容身之地。我也没能超越自己的文化为你提供机会。

JA：这是事实。我感到自己一直处于饥饿之中。这也许是我唯一的机会。

E：你不必如此。如果我为你提供其他媒介，其他表达自己的方式，你会不再那么绝望吗？你可以不再那么急吗？

JA：是的……

它停了很长一段时间。然后，它说话的声音变得非常轻柔。

JA：那你——你懂得这意味着什么吗？

我感到不安。我正打算把自己交出来，也许我再也回不去了。

E：我觉得我懂。我知道这对我来说并不容易，在这个物质和感官的世界中，为纯粹的创意努力放行。我以前总是只看重实用性。我总是被工作和责任压得喘不过气来。

JA：我一直试图向你表达自己，但是大多数时候，那些“实际的”东西总是胜出。创造所带来的纯粹的快乐与在物质层面的生活，本身就是一个整体——不要期待结果，或者所谓的实际利益。

E：这是事实。鉴于我的条件反射、我的主导态度，我知道你不得不让我感到不舒服，这样才能吸引我的注意。我明白我将不得不与生产力有关的价值观分离，它包围了我，控制了我。我必须处理消极的男性生产力至上的心态。这种心态是这些想法的始作俑者。它利用了我害怕失败的恐惧、我表现出来的焦虑。我必须与我生产的欲望、在工作中取得成功的欲望抗争。这种欲望很难控制。我必须整理在现实世界中与艺术、艺术表现形式有关的价值观，而且我必须为你腾出一块地方。更直接地说，我不得不为你提供一些直接的载体。你有什么建议吗？

JA：陶艺、水彩画、种花、插花，这些东西都不错。或者你可以做一些不那么正式的事。我只想让我们摆弄一下模型和色彩，笑看物质世界。

E：好的。我也需要你的帮助。我需要借助你对这个感官世界的价值感知，来加强我对控制我的偏见的反抗。

JA：你只需要平静下来，呼唤我，我就会有所回应。我将回到你的身边。

这次积极想象有一个有趣的脚注。这个女人对这次体验的情感反应以及她找到的意义如下：

我抗拒这种呈现积极想象的表达方式。所有这些陈词滥调都有关“创造性”，有关“加入”陶艺制作和“加入”水彩绘画。它们看起来似乎太老套了。但是我同样明白，不管这种表达方式怎样出现，也不管我觉得自己是时髦还是愚蠢，我身体和情感面的我必须得到滋养。我不得不按其自身的特点来应对这部分自己，做一些它需要我做的事，只要它在情理之中。

我的文化并不赞同对美的过分感知，但日本艺术家这一人物使我不得不面对这一问题。这种文化只对生产力和经验主义感兴趣。它认为与“做”截然相反的“存在”没有意义。它认为美没有价值，因为美只存在于它自身，与实用的生产力无关。与新发现的伙伴的对话引发了我对文化偏见长期的研究，而我出生在这种文化偏见之中，被它牢牢占据。这个人物帮助我把自己的个体性从集体性中分离出来。换句话说，它是我个性化过程的一部分。

在这次积极想象之后，这个女人发现一个新世界向她敞开了大门。她常常与这位内在的日本艺术家交谈。她参加了一门陶艺课程。她每周都会花上一定的时间打理她的花园或去陶艺作坊，并参加其他的体育或艺术活动。这些活动为她带来美感，让她与世俗的女性价值观取得了联结。

正如你从她的对话中所知道的那样，她一直忙于脑力活动——思考、分析、生产力——因此她没有时间来关注生命的物质面向、身体之美，通过身体联结土地、植物、颜色和质地的存在感，使她内在的禅宗和尚感到沉醉的存在感。

因此，她从所有这一切中获得了一种深刻的满足感，她感到她正滋养着自己的一部分，而这部分自己以前一直忍受着饥饿。她对自己真实的感知也因此扩大。她远比曾经意识到的“自己”更多。

你内心的每个特性都可以用这种方式来拟人化，你可以劝它穿上一件意象的外衣，以便与它互动。如果你感到一种膨胀，你可以进入你的想象，要求这种膨胀借助某种意象拟人化。如果你隐约地感到一种情绪正控制着你，你也可以这样做。意象正是你的起点。随后，你们可以开始对话，可以互动。这样你们就能慢慢了解对方。

在这个例子中，你可以看到一次成功的积极想象所需要的所有基本元素。请注意，整个体验开始于一种被动幻想。当这个女人躺在床上时，无数的色彩和意象浮现在她的眼前。那个时候，她只是一个旁观者，被幻想占据。

作为一个有意识的自我，正是在这个时候，她把这种幻想转化成积极想象，开始扮演一个主动的角色。她提出一些问题，并期望得到回答。她找寻藏在这一切背后的那个人，正是他制造了幻想流。结果，所有的意象聚集起来，对话得以开始。

另一个表明这是一次真正的积极想象的标志是她把自己的情感带入到了整个过程中。她对局面感到很难过，但是当她发现一部分强大的内在自我被忽视和压抑时，她同样对它给予了关注，为之动容。她珍视这部分自己；她欣赏它；她对它充满了感情。这不仅表现在她的话语中，也表现在事后她为了向这部分自己表达敬意所做的事中。

另一个重要的因素是她乐于聆听无意识中的人物。她没有试图去支配或掩盖内心的声音。她愿意听它说，并从中学习。

积极想象涉及许多概念，我们将在下面的章节中进行探索。但是在这个例子中，你已经了解到进行真正的积极想象所需要的基本原理。如果你牢牢地把它们记在脑海中，那么你已经启程，开始理解和运用这一高级技术了。

当你认为自己在编造时

一位新病人来找我咨询。他是一个聪明的男人——但是我同样感到他是一个品行不端之人。在首次会谈他踏进门时，我就感到了这一点；他的眼神中流露出某种东西。

在最初的几次会谈中，我们一无所获。他不能记起一个自己做过的梦，我们的讨论无关痛痒。我怀疑他根本就不想来咨询。因此，我教他积极想象，认为这可能会是开启他的无意识、找出他内心想法的方法。

最开始的时候什么也没有发生。没有积极想象出现。我向他解释了这四个步骤并说道："在你的想象中做点什么——随便什么都行！记下这个过程就行了。我们将从这里开始。"

第二个星期他又来了。他的眼睛里闪烁着同样的光芒。我知道他一定想到了什么。他记录下了好几页积极想象的内容。这些内容令人毛骨悚然。这些情节极富戏剧性，是《宝林历险记》（*The Perils of Pauline*）和两代《冷暖人间》（*Peyton Place*）的结合。

那之后，一周接一周，他带着自己记录的积极想象来到我这里。想象中出现的内容变得越来越紧张，越来越绝望。这是一场黑暗与光明之间的大战，有恶棍、受害者、受迫害的女主角、可耻的阴谋，还有背叛。这个可怜的女孩怀抱婴儿，从一块浮冰跳向另一块浮冰，越过河流，后面的恶棍穷追不舍。

一周又一周，事情一直这样继续着，我几乎没有说话。这是一种表达，我注视着这些内心戏剧将如何发展，关注着它要表达的内容。

一天，他走进来，夸张地把积极想象的最后一部分内容扔在我面前。我读到了一个可怕的，却又非凡的情节，这个情节一直在发展。我读完之后，他说道：“你这个该死的白痴，我一直都在骗你。我编了所有的故事只是为了愚弄你。这里面没有一句是真话！”

我什么也没有说，但我想：“好吧，这又不是第一次有人想要愚弄我了。”然后我只是坐着等待。我看着他，我永远不会忘记他脸上发生的变化。他脸上胜利的表情慢慢地变成了一种恐惧。眼泪涌出了眼眶，他说：“你这该死的……你这该死的……你这该死的人！你耍了我。它全是真的，但我不知道。”接着，他崩溃了。

你看，就算他只是为了愚弄我和嘲笑整个过程而试图虚构一个“虚假”的故事。那个“虚假”的故事也出自他的内心，出自他自己的心灵“内脏”。事实的确是这样。当他认为他只是在编造故事时，他其实已经把心中的秘密公之于世了。

这个故事中那个可怕的恶棍不是别人，正是让他目光狡黠的那个行为不端之人。这个人在暗处紧紧地控制着他——这个行为不端的人也相信整个分析过程的要点是为了愚弄分析师。这个受迫害的女主角正是他自己内心的女性面：他的内在生活和情感生活被抛在了冰面上。所有这些阴谋、无辜的受害者、悲剧和冒险都是在他的灵魂中肆虐的内心冲突不自觉的写照。

他试图编造一个故事。但是巧合的是，在这个过程中他进行了积极想象。他体验到了来自无意识的象征。最终，他的积极想象让他与内在自我面对面。他已经不再是从前那个他了。

每一次我让一个病人进行积极想象时，我都会被问这样的问题：“我怎么知道这一切是不是我编造的呢？”“我怎么能和自己想象中的虚构人物交谈呢？”根据我的经验，我确信，要在想象中制造出不代表无意识的东西几乎是不可能的。想象的整体功能就是接近来自无意识中的内容，为它穿上意象的外衣，并把它带入意识中。无论想象中出现了什么，在它通过想象成为意象之前，它一定生活在无意识中的某个地方。

就算一个人轻率和刻意地试图捏造，想象出又傻又蠢的内容，编出一个完全虚构的故事，想象中冒出的内容仍然能够代表这一个体的一些隐藏的部分。他不可能无中生有。这些内容来自这个人心中的某个地方。

真正的问题并不在于意象的真实性，而是我们该怎样对待它们。它们很容易被误解或误用。但是，大多数人不会问我该怎样处理来自无意识的启示，因为他们一直在怀疑它的真实性。

在一次演讲之后，一个男人问我："但是，我怎样才能知道我不是在与自己的超我交谈呢？"有时候，你的确会和超我的那部分心灵交流。它会引用法律，告诉你遵守父母传递给你的是非观念，遵循你文化中的传统观点。也许作为一个发展中的自我意识，你会反驳，说你必须质疑这些事，需要自己思考。重点在于你正在与你自己的一部分交谈——这恰恰是这么做的目的。

另一个病人说："但是我只是感到我好像在和自己说话。"我的回答是："这很好。你正在与不同的自己交谈。这就是全部的要点。"

如果你感到你在与自己说话，太棒了！如果你觉得自己正在"胡编乱造"，和我那个狡猾的病人一样，这也很好。你编造的内容都来自你的无意识；它是你的一些内在人格在说话。

最后，你需要做的是记录下你不得不说的话，内在人物不得不说的话，以及你们在一起做的事。当你开始看到你想象的本来面目时，你将会意识到它和精心打磨的镜子一样，正忠实地反映着你的无意识内心世界。

第十三章　积极想象是神话之旅

下面例子中的积极想象与我们迄今为止看到的大相径庭。通常当人们开始一系列积极想象时，出现的内容几乎与他们私人生活中的紧急事件没有关系。在下面这些例子中，人们的体验更像一次神话冒险，一次在原型领域的旅行。它将他们带往亚瑟王的法庭，或古希腊的林间，那时诸神就行走在普通人目力所及的地方。

除非我们明白这种冒险是无意识中的重大主题的象征体验，否则我们就会得出错误的结论。我们会认为这只是纯粹的娱乐，一种虚构的故事，作者仅仅为了高兴而将它创作出来。你可以看到，下面的例子听起来更像伟大神话的开头。这是一场去往邪恶横行之地的旅程，一位英雄被要求去帮助一位无辜的女王，去疗愈伤病。

但就其最深层的意义而言，这个故事不是虚构的，因为它的每一个细节对在想象中经历它的人来说都是完全真实的。有时，伟大的小说的确以积极想象开始。但是当这个故事开始出现在作者的脑子里时，它不是虚构的；它真实地展现了无意识深处的动态通过想象象征性地表达自己。

如果你发现自己遇见一位内在的向导，正在经历一次神话历险，那么你应该明白这是活出你自己某些部分的合法的且极佳的方式，你的这部分自己不能充分地生活在即时的日常实际生活中。明白这一点是有帮助的。这种神话旅程也许也是一次成人礼：当我们渐渐长大，当我们日渐成熟，我们总是需要面对某种原型主题，总是需要去解决我们很少感知到的深层次的冲突。

我们每个人都把所有重大的原型主题藏在心中。我们每个人心中都渴望成为英雄；从某种程度上说，我们有时必须实现它。我们每个人都会体验到灵魂的旅程和付出的努力，与厄洛斯和阿佛洛狄忒不期而遇，把某个领域构建到我们的内在结构之中。一个人不能避开这些原型主题；他必须去表达和体验它们。

积极想象是体验这些原型主题最好的也是最合理的途径之一。毕竟只有少数人能够去亚马孙丛林，参加革命，成为战地记者，或以某种方式成为现实世界的英雄。然而，我们大多数人都会受到关系、承诺、家庭的制约和所有正常的、实际的限制，因而心中强大的原始能量系统的外化受到阻碍。那么，我们能做些什么呢？

这个例子中将提到一个男性职员，他平常很忙碌。他有一家子人要养，其他人也依附于他。他不能，也不应该，打破所有这一切，到一个封建国家成为一位无辜女王的依靠。但是在他的灵魂中，同样生活着一个文艺复兴时期的男人，一个英雄和疗愈者。在他的心中，光明和黑暗的原型在交战，男性的权力欲望和女性的灵魂在战斗，外部实用主义和内在的神话幻想在争斗。这些伟大的主题虽然只是存在于他的无意识中，却比他日常的私人生活的内容更强大。它们在他想象中所呈现的神话冒险中表达自己。

这个例子只是一系列积极想象中的一次，在这一系列积极想象中，这个男人处理了这一主题。每一天，或者只要他有时间，他就会回到自己的积极想象中，回到他上次离开的地方，继续他心中的冒险故事。积极想象常常是这样。你开始某次冒险，或者开始与某个内在人物进行一次意义重大的谈话，然后你会发现自己一而再地回到同样的地方，从你离开的地方继续。通过这种方式，积极想象也许会持续数日、数周甚至数月。

在我们开始之前，你应该注意几件事：首先，请注意这个男人开始积极想象的方式。他来到一座桥上，这座桥位于类似文艺复兴时期欧洲的某个地方，在那里他看到了“一个带着羽毛帽子的人，一个文艺复兴时期的老师和向导”。通过去到想象中的一个既定地点，与这样一位向导相遇（我们通常称这种向导为普绪科蓬波斯，因为他们引导我们进入心灵），你每次都可以又快又直接地进入你的积极想象。

其次，请注意这个人采用了一种特殊的仪式让自己往返于梦或想象的内心世界和外部人类生活世界之间。当他准备好进入积极想象的内心世界时，他便在想象中穿上蓝色修士斗篷。这象征着他想要进入他的内心世界，进行宗教体验。但他准备离开想象世界，回到日常人类世界时，他会从桌子前站起来，穿上一件妻子送给他的法兰绒格子衬衫。通过穿上那件衬衫，他再一次确认他的另一个承诺，对他的妻子、家庭，对尘世的日常、实际的人类生活的承诺。

现在，下面就是他的这次积极想象，摘抄自他的笔记本：

（戴羽毛帽子的男人向他问好，这是一个文艺复兴时期的人，是一位老师和向导。他在桥上向我问好。他有自己的随从。我拿着一个灯笼，背着一个背包。）

男人：你好！我为你带来了福音。天气很好，很适合今天晚上的旅行。然而我们必须马上启程，因为世界上的事变化太快了。趁我们现在还有能量，我们马上开始吧。

我：我很愿意开始这段旅程。我愿意有始有终。我相信这是命运的安排，它们会善待于我。

男人：那么，我们启程吧。记住，不积跬步无以至千里……重要的是我们的坚持。我会在这里帮助你。让我们一起迈出第一步，出发吧。记住一件事：尘世的纷扰在这里已不再重要。

我：我生活在现实世界之中，然而，对这里来说，我只是一个过客。我的确在外面的世界中还有责任，它们也许会把我叫走。我能做的就是这样向你说清楚，然后我必须离开。我会穿上我妻子送给我的法兰绒格子衬衫作为仪式，然后离开。我会穿上蓝色的修士斗篷来到你的世界。这就是仪式。只要不损害我在外部世界的关系和责任，我会尽可能地到这里来。

男人：同意。这是一个很好的仪式，这不会冒犯我，或我服务的女士，是她派我来找你的。

我：为什么她会派你来找我呢?

男人：她需要你的帮助，需要你伸出援手。她的国家遇到了麻烦。这是一个多事之秋、邪恶当道。她需要你的帮助——越多越好。

我：我会尽力而为。

男人：她会因此而感激你……也会爱你。我为她效忠多年了。

我：你是怎样认识她的呢?

男人：通过我服侍的国王，不过最近他已经驾崩了。二十五年前，当我开始服侍他时，他还是单身。一年后，他娶了王后：他邀请了邻国的国王去他的国家狩猎，感谢这个国王给予他的一些小帮助。当这个国王到来时，他带来了他的女儿，她比我们的国王小十五岁。他爱上了她，在他们停留的两周时间里追求她。他们结婚了，我忠心耿耿，成了王后的忠仆。在驾崩的两年前，国王的健康状况越来越差。当然，他的敌人想借此机会趁火打劫。他的军队和贵族很忠诚也很强大，但是女王隐隐地感到有邪恶出没。

我：她为什么会找我帮忙呢？

男人：因为在东方的夜空中出现了一颗四角新星，我们以前从来没有见过这样的星星。女王遇到这样的问题时总是向一位智慧老人求证。他建议我们在星星第一次出现的地平线上时等待。碰巧是在这座桥的所在的地方，我们相遇了。我们召唤你，然后你出现了。我们在你的梦中召唤你。

（这个时候我不得不暂停我们漫长的旅程。我穿上我的法兰绒格子衬衫回到现实世界中处理问题。）

（后来，我又回到了这里。我披上蓝色斗篷，再一次回到内心世界，找到了戴羽毛帽子的人。）

我：我回来了。

男人：让我们再次启程吧。她的故事大概就是这样，这就是我了解并为之服务的人——女王陛下——以及自从国王驾崩之后，无处不在的邪恶的大致情况。

我：这种邪恶是什么呢？

男人：滥用的邪恶！这种邪恶必须停止。一个小村庄已经被攻陷了，男人们被谋杀，倒在刀剑下，小男孩被杀害，女人被奸杀，小女孩也没被放过，婴儿任其自生自灭。总共已有三十个人被极其残酷地杀害了。最大的麻烦是这些杀手化装成国王的人，谣言四起，说女王是一个女巫，想要征服他们，抢占他们的财产。但是我了解女王。她是一个善良的人，她不可能做出此等违背她天性的事。她自己也有一个年少的女儿，刚满十八岁。女王是一个温和的人。她已经派人去找这些坏人，但迄今为止他们不够幸运，仍然一无所获。

我：就这些吗?

男人：不！不幸的瘟疫到处传播。两个孩子已经死了，没有人见过这样的事，他们的嘴里散发出甜味，却死了。前方村子里有一个小女孩，她正站在死神的门前，事情似乎就是这样。她双脚肿胀，高烧不止……日渐消瘦。

（我们来到了村庄的外围。这里有一间茅草屋，屋内燃着火。这个人敲了门，我们进到屋内。女孩的母亲看起来悲痛欲绝又疲惫不堪，眼中含着泪水。父亲也一样，这是一个坚韧、饱经风霜之人，他最珍贵的财产便是这个小女儿了。她大约八岁，长着金黄色的头发。如果她没有生病，一定很漂亮。她看起来很苍白，眼圈黑黑的，呼吸吃力。她因为发烧和痛苦而打着冷战。她已经病了三天了，她的父母不能找出原因。她的左脚肿得很大。这个人向他们介绍说我是医生，来这里帮助他们。他们的眼中充满恳求。

我脱下这个小女孩的衣服，仔细检查了她的身体，发现一切正常，只是在她左脚的最下面有一个小洞。里面有脓水。我告诉他们不要让她乱动。她的母亲看到我的刀，昏了过去，但是在我用柳叶刀割她的脚时，父亲和我的向导扶稳了这个小女孩。脓水涌了出来，有一杯子这么多。我发现肉里面嵌入了一个燧石做的箭头，上面覆盖着一块黑色的树脂。我留下这个箭头，小心地把它包起来。

我给这个女孩洗澡。我告诉她的家人把水烧开，这样我们才能清洗伤口。我们清洗了伤口。然后我教他们清洗绷带，把它们拿去煮，在太阳下晒干，再给小女孩泡脚，喂她喝肉汤。我告诉他们我必须离开，要回到自己的世界，但是我以后会再回来的。我告诉他们她会活下来。我穿上我的法兰绒格子衬衫，离开了内心世界。）

这段摘录向我们呈现了积极想象完全不同的使用目的和风格。在这个例子中，它的目的不是要解决一些个人层面的即时问题和冲突。相反，它是要在某人的生活中腾出一块地方给伟大的原型主题。

此类积极想象把我们同原型永恒的宇宙之舞——它永远地在无意识层面继续着——联结在一起。这种方法可以帮助我们发现普遍的能量系统怎样流淌在我们每个人心中，它们怎样详述它们自己，以及怎样用独特的方式在我们不同的人格容器中表达自己。它们看起来很遥远，超越了人类；它们看起来似乎与我们当下的个人生活毫无关系。然而，它们是我们人格和人生体验的基石。它们是造就我们的基本元素。

在积极想象中，原型主题以象征形式呈现，并参与到剧情中。通过这种方式，我们让情况发生了改变。原型力量不再在舞台背后，在我们看不到的集体无意识中表演，而是通过想象进入意识层面。我们，在我们的自我形式中，切实地进入了原型的表演中，并实实在在地影响了表演的结局。从最深层的意义上讲，这种与原型之间象征性的互动将我们放在显著的位置，让我们在实现命运的过程中扮演着自己的角色。

我们不能轻易指出在这一男人的结构中的哪一处象征着这个无辜的王后受到了男性权力欲望的攻击。我们不能指出这个被毒箭所伤的小女孩到底在哪里。甚至就算分析这些事也不会特别有帮助，因为积极想象的要点在于体验。在释梦中，分析和找出象征的意义至关重要，与此不同的是，如果我们过多地思考这些象征在心理术语中可能代表的意义，让自己分心，可能会适得其反。积极想象的魔力来自体验本身。只有一系列积极想象实现了其目的，我们才可以从中找出意义。但是别让分析性思考在这个过程中阻碍了体验。

在我们所有人心中，存在着同样的女王和挣扎求生的患病小女孩的原型，她们会陷入持续的重大权力之争，她们不被看见也不受时间限制，存在于个人心理和集体无意识的边缘地带。

如果我们对这场战斗置之不理，让它在宇宙的边缘，在暮光之城放任自流，我们就永远不能找到解决它的办法。但是通过这种宇宙冲突——光明与黑暗，女性与男性，女王与坏蛋之间的冲突，通过让它浮出表面，意识自我可以感知到这一巨大的力量。它可以参与到这出戏中，扮演自己的角色，取得发言权，实实在在地影响长期的结果。我们可以有意识地、自愿地进入围绕我们的原型世界，我们不必再无助地坐着，一言不发，由我们看不见也不能理解的力量来主宰。

最初这看来有些难以理解，或与“现实世界”脱节。但是可以肯定的是，自从这个男人参与到这场伟大的原型戏剧中，疗愈这个生病的小孩和援助这位无辜的女王之后，他的生活也变得不同了。有些具体和真实的病痛也会在内心深处被疗愈，用以回应这一象征性行为。

这将大大改变他长期的生活，以及性格特点。如果他一直坚持积极想象，在这个过程中制造不同力量间的平衡，弥补自己的不足，为自己注入能量，最终他的行动中心会发生变化；他的选择也会改变。他会变得不同。

第十四章　积极想象的四个步骤

在下面的几章中，我将呈现积极想象的四个步骤。你可以用这种方法作为开始。在这一章中，我们将概括地谈论这一方法，以及你需要为积极想象所做的准备。比如，你需要知道你应该在哪里实施；你需要建立私人空间；你需要决定怎样记录你的积极想象。

下面是这四个步骤：

1. 邀请无意识；

2. 对话和体验；

3. 增加价值观的道德元素；

4. 用身体仪式使之更具体。

玛丽·露易斯·冯·弗朗茨（Maria Louise Von Franz）博士曾经表示，积极想象自然地分为四个基本阶段①。不同的人会以

①冯·弗朗茨博士列举的四个阶段是：1.放空自我；2.让无意识进入真空中；3.增加道德元素；4.整合想象，使之回归日常生活。摘自她未发表的讲义，Panarian大会，洛杉矶，1979。——原注

略微不同的方式体验这四个阶段。我曾经尝试运用这四个实用步骤，制定一种有序的方法，让大多数人体验到积极想象的各个阶段，而不会感到无力或害怕。

与释梦一样，既定的程序、一系列的步骤对积极想象大有裨益。你可以有序地遵循这些程序和步骤，它们会帮助你克服障碍、迷惘和不确定。有时候，障碍、迷惘和不确定会阻碍人们开始或继续前进。

记录你的想象

在我们开始这四个步骤之前，找出你方法中的具体细节是至关重要的。你需要设置具体的阶段，并决定你将怎样记录你的积极想象。

这些细节也许比你想象的更重要。许多人在没有开始积极想象之前就放弃了，因为他们找不到一种便捷的方法记录浮现出来的想象。

我们已经谈到过记录内在工作中的内容的重要性。对于积极想象来说，记录更为重要。你内心的对话应该被记下来或打印下来。这是避免让它变成被动幻想的主要方法。记录帮助你聚焦你所做的事，而不必徘徊在杂乱无章的白日梦中。这样做也便于你在日后能够记住和消化这种体验。

写并不是记录积极想象的唯一模式。以后我还将提到一些其他方法。但是对大多数人来说，写是最简单也是最有效的方式。

怎样写

迄今为止我提到了两个积极想象的例子，它们展示了写下想象的常用格式。在第一个例子中，这个女人用到了笔记本，用手写下了所有的内容。她用缩写来标注谁在讲话："E"代表自我（意指她自己），"JA"代表与她对话的日本艺术家。

我用打字机记录我自己的想象。如果你习惯使用打字机，这将很有帮助。你能够快速地记录下你的想象，不像手写那么容易疲劳。然而许多人还是更喜欢用手写，荣格也使用这样的方法。许多人感到笔用起来更"自然"。为了让自己的积极想象有仪式感，充满古朴的韵味，他们也许还会用到书法艺术。

我自己的方法也很适合其他许多人，他们起初都不知从何着手。我把打印机设置成一般模式，打印出我说的话，然后，我按下键盘上的转换键（换成大写字母），记录我想象中的另一个人对我的回答。通过这种方式，当说话者转换时，我甚至不需要缩进和提行。当说话者发生变化时，我就按下键盘上的转换键，这样我可以如行云流水般记录下我的想象。[1]

如果第二个积极想象例子中的男人，进行神话之旅的那个人，运用了我的办法，他记录的积极想象就会是作者的话使用小写字体，而文艺复兴时期的男人的话用的是大写字字体。如果你运用这种方法，你就不必在旁边标注“我”或“那个人”来辨别是谁在说话了，你也不必担心缩进、提行或引号的使用。当你看到小写字时，你知道是你在说话；而当你看到大写字时，你明白是另一个人在说话。通过这种方式，你可以在对话和事件发生时把它们一股脑地写在纸上，不会受到任何阻碍。

你没有必要停下来，或去更正错误，这只是你自己读的内容。

如果这种方式适合你，那么请使用这种方式。如果它不适合你，那么就用前面提到的第一种方式——或者用你自己总结出的方法。这里的重点是找到一种简单、容易的方法来记录积极想象中所发生的事和所说的话。如果你还在为引号、句子结构、标点符号和拼写而费神，那么在开始前，你就已经被击败了：你会觉得太烦琐，不愿再继续下去。你采用的方法应该是直接、简单和有效的。

---

①这种方式适用于英文写作。——译注

进行积极想象的其他方法

一些人用特殊的方法进行他们的积极想象。他们可能会通过舞蹈、音乐演奏、素描、油画、雕刻或大声把对话说出来表现自己的内心意象。

我有过一个病人，她是一位舞蹈家，她只能通过舞蹈的方式表达她想象中的对话和事件。当她第一次这样做的时候，我的确吓得说不出话来。她跳出了内在生活中所有的原始内容、所有的美好，跳出了其中的戏码、挣扎和悲剧——完全通过她的舞蹈。她扮演成每个人物、每个角色、每种动物来跳舞、咆哮、咕哝、呼喊、战斗、哭泣。

当她的会谈结束时，我已经缩成了一团，试图藏在椅子里。她兴高采烈地说："好了，罗伯特，你现在可以出来了。"

每一次会谈之后，她都会用语言向我解释舞蹈的内容，她在想象中的所感和所见，以及它们对她的意义。这对我很有帮助，因为我对舞蹈一窍不通。谈论这些内容同样也可以帮助她更好地理解它们。

如果你采用的是其他任何一种方法，如舞蹈、绘画或沙盘，来展现或记录想象，把它们写下来也是有好处的。写总能帮助我们聚焦或让它更加意识化。对大多数人来说，写是最好的、最容易的形式。

地点设置

在你已经决定了记录想象的方法之后，你需要布置一间足够安静和私人的房间。在这个房间里，你可以暂时排除外界的所有干扰。如果门铃和电话每五分钟就响一次，孩子在房间里跑来跑去，狗狗时不时向你索取食物和爱抚，或上个月未付的账单放在桌上让你分心，你真的很难与内在自我进行对话。

你必须坚定地留出一个房间及一段时间给自己。告诉家里的每个人，除非发生了核爆炸或基督降临，否则请他们不要打扰你。你有权享有这样的自由、清静和安全。你需要这样来进行深入内心世界的旅程。

你同样需要“独处”。就算你与另一个人关系无比亲密，但如果有其他人在房间里走来走去，在你的背后看你写的内容，通常你也不可能说出你隐藏的所有秘密，说出你的深层无意识。只有你感到自己好像在房间里踱步，咒骂，与某个内在人物大声说话，敲打墙壁，哭喊——你才能够释放原始的情感和情绪，而不必担心有人在窥视偷听。

人们同样也存在着编造积极想象的诱惑，这样故事听起来会很美，如果有人碰巧读到它，更容易对其印象深刻。你必须清楚地知道，能读到这些内容的只有你，否则你将很难忠实地记录这些内容。

既然你已经做好了准备，找到了清静的地方，关上了门，决定好了你的记录方式，那么你就可以开始了。

第十五章　第一步：邀请无意识

我在人生旅程的半途醒转，

发觉置身于一个黑林，

林中正确的道路消失中断。

啊，那黑林，真是描述维艰！

那黑林……

——但丁《神曲》

积极想象的第一步是邀请无意识的产物浮出表面，与我们接触。我们邀请内在人物，开始对话。

我们怎样发出邀请呢？开始，我们应该让自己的思绪远离周围的外部世界，把精力集中在想象上。我们应当把内在目光放在内心之中，然后等待着看谁会出现。

从上面引用的但丁《神曲》的诗句中，我们可以看到他是怎样发出邀请的。他进入自己的想象，立即发现自己身处一片黑色的森林之中。所有的公共路径都被根除："林中正确的道路消失中断。"他不得不挣扎着穿过矮小的灌木丛，找到自己的路。

文学作品中有好多积极想象的伟大例子。《神曲》便是其中之一。当但丁徘徊在黑色的森林里时，他掉进一个洞中，发现自己身处内在世界。他站在地狱的门口，遇见了诗人维吉尔。正如他所发现的那样，维吉尔是美丽的比阿丽特斯派来找他的。当他们穿行于地狱各层时，维吉尔为他引路，与他交谈。

这是如何开始积极想象的经典例子。到某个地方，生动详细地描述它，以便让自己在那里安顿下来，然后看看你会遇到哪些人。在但丁的例子中，一旦他与维吉尔取得联系，开始行走，他就开始遇到各种各样的人。他们中的一些是历史人物，一些是他在世时的私交。他与每个人交流观点，或交换价值观。

在某个时刻，维吉尔向但丁鞠躬告别，称一个比他更伟大的人会来担任但丁的向导，带领他走完剩下的旅程。接着，比阿丽特斯出现了，她是西方文学中最伟大的阿尼玛象征之一，她引导但丁走向炼狱和天堂。

《神曲》是真正的积极想象。但丁用第一人称讲述了他的故事。他的自我贯穿于整个经历和反应之中，并与他在自己的想象中找到的内在人物对话。它是但丁无意识不自觉的流露，通过他的想象把信息传递给我们。他处理着伟大的原型主题：忠诚与背叛、善良与邪恶、天堂与地狱、生存与死亡。它们都来自集体无意识。我们每个人都有这些原型主题，但这是但丁的版本，是他自己对普遍主题的体验、他自己独特的实现进化的方式。进化，是我们每个人身上都会发生的。

你不必写出一部伟大的文学作品。事实上，如果你写出来只是为了让别人看到，那你很可能不会忠实地进行内在冒险。然而你的确需要写下自己的故事，在真实世界的“神曲”中写下你自己的篇章，那就是我们普通的人类生活。为了这个目的，你不能抄袭但丁或他人的版本。你必须记录下那些自发地从你自己集体无意识的特殊区域流淌出来的东西。

对于许多人来说，第一步，发出邀请，最初会有些困难。他们坐在打印机前，或手中握着笔，却发现自己头脑中一片空白。

如果是这样，这也许表示你还需要耐心地等待。等着就行了，把你的注意力集中在想象上，通常不久之后意象就会出现。如果没有意象出现，那么你需要运用下面的具体技术。

有时候，事情实施起来会有些困难。很多次，我们可能当着内在人物的面狠狠地把门摔回去，因此当我们最后把门打开时，他们却没有跑出来迎接我们。就算跑了出来，他们也可能会生气地说："看吧，你一直都不重视我，许多次都当着我的面摔门，所以尽管我现在引起了你的注意，但是我对你也没什么话好说！"但是只要你一旦发出了邀请，你就不得不面对可能出现的问题。

发出邀请并不意味着管理。每个开始进行积极想象的人都被大量先入为主的观点占据，他们会想谁应当在那里，这些内在人物应当说些什么。人们期望马上听到大母神的杰出演讲或内在古鲁的深刻智慧。这样的事虽然常常会发生，但是我们也会经常发现我们面对的是自己曾经拒绝直面的沮丧、孤独感、空虚或自卑，我们一直都在逃避它们。

当你发出邀请时，如果遇到的是这种情况，那么请接受它。这种消极内容是你完整实相的另一面。你迟早要和它对话。荣格说过，最让你感到害怕和痛苦的地方，恰恰就是你最有可能自我成长的地方。

在把这些基本原理牢牢地记在心中之后，我们现在可以看看一些具体的方法。你可以运用这些方法发出邀请。

保持警觉

也许积极想象最纯粹的形式是简单地清空自己的思想，进入你的想象，然后等待即将出现的人。这种方法被冯·弗朗茨称为“清空自我”。我们把关于外部世界的所有想法都清除出大脑，然后静静地等待，带着警觉和专注，看看谁或什么会出现。

有时候，这种方法也许需要巨大的耐心和专注。可能在一段时间内什么也不会出现。浮现的内容也许对你的意识自我来说无关紧要或一文不值，以致你立马否决了它。如果你集中精神的时间足够长，你通常会发现一些意象正在翘首以待，准备好登台呈现在你面前。当这个人物真的出现时，你不应该对他进行评判，带着偏见，或排斥它。你最好假设他有重要的话要讲。

你前一天晚上梦中出现的人物可能会浮现，你也许会发现这个意象想要在它梦中离开的地方继续。又或者，出现的是一个你以前从未见过的意象。你可能会问这是谁，为什么他或她会出现在你的想象中。因此，最简单的邀请也是最有效的：“你是谁？你想要什么？你想要说什么？”对话开始了。

我说过这可能是“最纯粹”的积极想象形式，因为自我没有筛选与你对话的人，也没有选择你想象中会出现的内容。无论出现的是什么，你都表现出一种完全接纳的态度，不附加任何条件和期望。

怎样开始

许多人不适合完全接纳或清空自我的方法。他们发现只靠集中精神等待很难开始想象。他们很可能等了很久还是一无所获。

我相信，在这种情况下，“采取措施”是必要的——也就是说，做一些具体的事，有意地让想象出现。下面我们就将看到几种合理的方法。

一个预防措施必须遵守：一旦你找到这个意象，开始内在对话，你必须放弃控制。一旦你发出邀请，意象出现，你便不能决定你想象的焦点，也不能把它推向任何特殊的方向。

1. 运用你的幻想

驾驭幻想是把被动幻想转化为积极想象。最简单的方法是，你看看今天你头脑中出现过哪些幻想，从中选出一个意象、一个内在人物或一个场景。然后，你去那个地方，与那个人在一起，把它作为积极想象的开始。你可以进入幻想之中，与这个人物对话，记录下所做所说，通过这种方法把被动幻想转化为真正的积极想象。

当一个人拥有过多的幻想内容时，这种方法特别有用。通过从深层释放压力，积极想象能够减少幻想的数量和强度。当一种幻想整天盘旋在你的脑海中时，这表明你有内心问题需要解决。当大量的幻想浮现在你的头脑中时，这通常意味着你对无意识的关注不够。它用幻想将你淹没，来补偿你对外部世界过分关注造成的不平衡——迫使你进入不自觉的内在生活。

在这些情况下，荣格说，你可以选取自己的幻想主题，有意识地与意象对话。与被动地重复注视同一幻想不同，你在利用这一内容进行积极想象。你在与自己的不同部分对话，你把幻想带入意识中。

请记住，幻想是绝佳的魔杖。如果某个幻想今天一直在你的脑子里盘旋，你可以自信地猜测它正通过一种象征形式，在你心中聚焦的区域呈现一种主要的动力和冲突或心理能量。如果你进入这一幻想，让它成为你积极想象的开始，你将不自觉地把精神集中在一个即时、切实、重要的内在主题上。

因此，学习驾驭被动幻想，把它转化为积极想象，可以帮助你完成两件重要的事。首先，当你“无计可施”时，当没有意象出现，你头脑中一片空白，以及你似乎不能着手想象时，它将帮助你发出邀请。其次，当你发现你的幻想多得让你不知所措时，这是聚焦在一个幻想上的绝佳方法，你可以通过积极想象让它浮出表面，“活在”意识中。你没有让这些幻想无谓地一再重复，或试图将它外化，而是在属于它的地方——在想象中，让它意识化。

2. 走访象征地点

一个非常简单的邀请方法是去你想象中的某个地方，看看你将在那里遇到谁。通常当你这样做的时候，你的想象会把你带到你需要去的内在地点，让你与需要见到的内在人物产生联结。

习惯成自然，许多人没有意识到他们常常去想象中的某个特殊地方。还记得与文艺复兴时期的骑士一起冒险的男人吗？请注意，在他的想象中，他总是习惯于回到同一座桥上。文艺复兴时期的人总是在桥上等他，将他带往内心世界。

对于我来说，海滩是一个有魔力的地方，常常出现在我的梦中。当我不知道怎样着手我的积极想象时，我时常幻想自己在海滩上漫步。这时一定会有事情发生或有人出现，想象也由此开始。也有那么几天，我走呀走，走呀走，可什么事也没有发生；有时候，你也会走得不胜其烦。但总的来说，如果你来到内在地点寻找，你会发现有人在这里等你。

几年前我有一个病人，他费了很大的劲才成功地进入自己的积极想象。他的外部生活似乎百无聊赖，他的想象也同样乏善可陈。他就是一张彻彻底底的白纸。因此，我告诉他到海边去，和我自己一样，开始散步，四处看看，看他将遇到什么人。

第二周，他对我说："是的。我走到海边。但是没人想要和我说话。什么也没有发生。”

因此，我有些心烦意乱，说：“看！一定会发生点什么的。你在海边走的时间太长了，脚上会被打出水泡。你不得不去医院。你将爱上一名护士并与之结婚。一定会有事情发生的。现在就去做！”

接下来的一周，他又来了，十分严肃，面无表情地看着我，说：“这个护士一点都不好，我不想和她结婚。”不管怎样，至少他开始启动积极想象了。

你的内在地点也许是丛林中的小树丛，田园牧歌式的草甸，潘[①]潜伏在那里的阴影中，或者是一间教堂的密室。你可以发现这个地方在你心中，在能量的所在地，而且你可以学会怎样回到这个地方。去往你的内在地点成了邀请你进入内心世界的方法。

3. 运用拟人法

让我们回忆一下受粉刷房子困惑的女人。你也许会记起她通过将困扰她的情绪拟人化而发出邀请。她在寻找一种意象，这种意象可以代表她内心着魔的一面。

她与看起来受到困扰的那个人交谈，以此开始自己的积极想象。最初，她好像在和周围的空气说话。但随后，她听到

---

①希腊神话中人身羊足、头上有角的畜牧神。——译注

了自己想象中传来的声音，转而这个声音变成了她可以看到的意象。

这是另一种方法。如果你一直受到某种影响，它阻碍了你前进的步伐，如果你有某种无法摆脱的情绪，那么这是一个有力的暗示，它告诉你应该去哪里开始与无意识对话。你应该去你心中充满困扰和沮丧，或带有其他情绪的地方。

进入你的想象中，并对自己说："为什么我心中的那个人今天会沮丧呢？你在哪里？你看起来是什么样的？请变成我看得见的样子出现在我面前与我交谈。我想知道你是谁，想要什么。"

4. 与梦中人物对话

荣格发明积极想象最早的用途之一是把它当作梦的延续。如果一个梦没有得到解决，或者你一再地重复某个梦，你就可以通过想象延续它，找到解决办法。这是想象的一种合理运用，因为梦和想象来自无意识中的同一源头。

反过来，这也为你提供了另一种邀请办法。某人在想象中回到梦中，与那里的人物对话。他可以从梦中选出一个他觉得有必要与之交谈的具体人物。他可以特意与梦中的一个人物说话，也可以回到梦中的场景中，从梦结束的地方重新开始。你可以在自己的积极想象中扩展这个梦，从而有效地继续这个梦，与之互动。

通过这种方式，积极想象成为释梦工作的有益补充。它让你能够进入悬而未决的梦中，进入没有解决的场景中，发展梦所呈现的内部情景。它能够“让故事继续”，让你进入梦指引的下一个步骤中，解决整件事。

因此，当你发现自己渴望进行积极想象，却苦于找不到合适的开始方法和起点时，你应该想想最近做过的梦。它不仅能够帮助你进行积极想象，还将改变你与梦，以及你与内在人物的关系，因为你将在梦中加入你的意识活动。

积极想象案例

在我们进行第二步之前，我将为你举出三个例子。这三个例子中，有用积极想象延续梦的，也有与梦中人物进行对话的。

我们的第一个例子来自荣格。这是他对积极想象的最早运用之一。通过走进一个内在人物，荣格发现了进入心灵本质的、最深刻和最遥不可及的洞见的萌芽。他把这个人称为斐立门。他首次出现在荣格的一个梦中，后来荣格和他一起进行了积极想象。

在这个幻想出现后不久，另一个人物从无意识中浮现了出来。他的样子和以利亚差不多。我称他为斐立门。斐立门是一个异教徒，带着埃及—希腊的气息，有诺斯替派教徒的色彩。他的形象第一次出现在我下面的梦中：

蓝色的天空，像大海一般，覆盖天空的不是云彩，而是浅棕色的土块。土块看起来被打碎了，蓝色的海水渗入其中，但是海水是蓝色的天空。忽然，右边出现了一个长着翅膀的生物，飞过天空。我看到这是一位老人，长着公牛一样的角。他拿着一串钥匙，有四把，他捏着其中一把，好像正准备用它来开锁。他拥有一双翠鸟的翅膀，颜色也和翠鸟一样。

……斐立门和我幻想中的其他人物为我带来了重要的洞见，它们是心灵中的事物，并非我制造的，而是心灵自己产生的。它们有自己的生命。斐立门代表一种力量，这种力量并不是我自己的。在我的幻想中，我与他对话。他说的内容都是我以前没有意识到的。我清楚地注意到，说话的是他而不是我。他说我对待思想的态度就好像是我制造了它们，但是在他看来，思想就像森林中的动物……是他使我认识到心灵的客观性及现实性。通过他，我终于分清了我自己和我的客观思想之间的区别。

从心理学上说，斐立门代表了更高层次的洞察力。对我来说，他是一个神秘的人物。有时候他对我来说相当真切，就好像他是一个活生生的人。我与他一起在花园里来回散步。对我来说，他就是被印度教教徒称为古鲁的人。（Jung，*Memories*，*Dreams*，*Reflections*，p.182-183）

如果你到积极想象中去寻找梦中的人物，那么看似你可以与他们建立无穷无尽的关系。你可以在你自己的体验中确认，在你与这些内在人物进行对话和体验之后，你的内心开始发生变化。如果你在梦中与一个内在人物之间存在着强烈的冲突，你可以对这个人物进行多次积极想象，解决冲突并达成理解。如果你像荣格一样，在梦中发现了一位智慧的、具有预言能力的老人和老妇人，你可以时常回到梦中找他（她），寻求智慧和忠告。

许多年以前，我梦到我正坐在书房里，做着人们会在书房中做的事。忽然，一只狮子走了进来。我吓了一大跳。我想尽办法把这只狮子弄出书房。我推它，我对它发号施令，我请求它，我扯它的尾巴，我制造出巨大的噪音，不但没吓到狮子倒把我自己吓坏了。这时梦醒了。我心有余悸，这只狮子不会离开。正如你所看到的一样，这个梦的结局完全不能让人满意。问题没有得到解决。

因此，我对这个梦进行了积极想象。我正是从梦结束的地方开始的。我立即又开始感到害怕；脖子后面的汗毛竖了起来，寒意顺着脊梁传遍全身——所有这一切都说明这是一次高质量的积极想象。我待在自己的感受中。我好像感到真的有一只狮子在我的书房里，我的脑袋会被它一口吞掉。我的心怦怦直跳，我颤抖不止，浑身直冒冷汗。

在对这个梦进行了四次不同的积极想象后，我才突然醒悟这只狮子不会伤害我！原来一个人面对他内心的事物时会变得如此愚蠢。其他人都会很快说："看，这只狮子不会伤害你。你为什么要扯它的尾巴呢？也许它有什么话要说。也许它是你重要的一部分，你必须接受这部分。"但是我进行了四次想象——试图想要摆脱它——之后我才突然醒悟它也许与我有着某种关系，我需要把它整合进入我的生命。

这个想象太深入人心了，我竟不能将它阻断。每一次我来到书房开始工作时，这个想象就会重新启动，我的心中就会出现一只狮子，在书房里走来走去。每一次我想在书桌前工作时，它都会过来舔我，用鼻子嗅打印机，或朝着窗外咆哮让我分心。

我开始和它说话："你是谁？你在这里做什么？看看你在我书房里干的好事。你在我面前我什么事也做不成。不管怎样，你把我吓坏了，哪怕你只是一只梦中的狮子。为什么你不能出去找其他的狮子或其他的东西呢？狮子可不应该待在房子里，它们不属于我文明、体面的日常生活。"

我慢慢地习惯了它。但我花了好几周的时间才与我自己内心中的内容达成某种程度的一致。它把自己塑造成狮子的样子。它是非常强大的，甚至可怕的那部分我，因此，当我越清楚地看到它是谁，它是我的哪一部分时，我就变得越害怕。我花了很长时间才能面对它。

最后，经过许多次积极想象之后，一天，这只狮子走到我书房里一处特别的地方，蹲了下来，变成了一尊铜像。在它伸出的左爪里，有一本书。我在那本书中看到了最神奇的内容。

从此后，它便一直蹲在那里。有时我会回到想象中的那个地方，内心中的书房里，看看它是否还在那里。是的，它在。那本书也还在那里，翻开的书页上讲述着重要的信息。

本章的最后一个例子是一个年轻女人的体验，她做了一个很短的梦，梦见了丈夫和弟弟。鉴于这个梦"悬而未决"，因此，她决定通过积极想象走近梦中的人物，看看她是否能够解决问题。在这个例子中，我们有幸可以看到她把想象中的对话逐字逐句地记录下来。

你已经认出这个梦了吧？它就是我们在本书中提到第一个梦。我们已经看到做梦者是怎样通过释梦得出梦的意义的。现在，我们将再看看她怎样通过这个梦开始自己的积极想象的。下面是她的梦：

我正在找我的车钥匙。我意识到它们在我的丈夫身上。然后我想起我弟弟借了我的车还没有还给我。我看到了他们两人并大声叫他们的名字。他们好像没有听见我在叫他们。随后一个衣冠不整的年轻人，好像是一个“叛徒”，坐上我的车，驾车离开了。我感到异常沮丧和无助，有种被抛弃的感觉。

下面的内容摘自做梦者的笔记：

我决定进行积极想象，因为梦中的问题没有得到解决，而且我一直感到这明显是无意识在邀请我运用想象。我感到这个梦展示了我与自己内在的男性面关系恶劣。我与它之间没有沟通。那辆车已经被开走了，但是问题还是没有解决。我与梦中的三个男人进行了对话，但是我改变了意象，这样他们看起来就不会像我真正的弟弟和丈夫了，这样，想象也就不会“神奇地”作用于我现实中的丈夫和弟弟身上。与我对话是广义的原型“丈夫”和“弟弟”。

我：你为什么这样对我？（对丈夫和弟弟）你们都没有兑现诺言。

丈夫和弟弟：（两人都沉默不语。他们没有说话。叛徒背对着我，脸朝向另一边。）

我：拜托。你们为什么不和我说话呢？请说话呀。为什么你们要在梦中把我的车开走？为什么要把我孤零零地留下？发生了什么事？

丈夫和弟弟：（他们看着彼此。我看到钥匙在“丈夫”的手上。）

我：你们对我熟视无睹；但是很显然你们想尽办法吸引我的注意。你们想要什么？

（长久的沉默。）

我：请不要不理我。我太难过了。我必须和你们说话。

丈夫：你一直都对我们置若罔闻。而且，你也不需要钥匙。

我：没有钥匙我就开不了车。

弟弟：你不需要车。

我：我不明白你的意思。

丈夫：（把钥匙扔给了弟弟）如果你一直表现得像一个超人，你为什么不自己飞到该去的地方呢？

我：（现在我感到很受伤。我开始理解他的话。我一直太忙了，总有做不完的事，自我膨胀。我感到很悲哀——更准确地说是空虚——所有这一切努力之下的空虚感。）

丈夫：你表现得好像不需要我们，好像不需要任何东西。这就是我们与你一直那么疏远的原因。

我：我可以看到自己一直与你们两人很疏远。难怪我最近变得很紧张。我很抱歉。我被工作压垮了，我完全没有意识到这一点。（现在我感觉到了“叛徒”是谁。他转过脸来看着我。）

我（对叛徒说）：你是我心中逃走的能量。你对看似合理、有效率、值得的任务说“是”。按武断的标准衡量，它们的确是这样。但是它们不是我想要的。我现在发现：是你坐上车，带着我把车开走了。你设置了所有这些向前的动力。

但是这不是我想要的，对我来说也不对。当我审视所有自己正在做的事时，我看到上写作课的事并不那么急迫。我也不想给补习班上课了。其他的班都不错，但是少上一个班可以让我再次拥有更多的私人时间。

叛徒：写作课不错。它对其他人来说意义重大。而且，你也说过你感兴趣的。

我：我没有承诺过。你让等待看起来像灾难。但事实并不是这样。

叛徒：那好，取消课程会让学生失望的。他们特别需要这门课。如果失言，你会失信于人。

我：许多人都依赖我，但我不是不可替代的。其他人可以教这门课。学生们可以向其他人学习。

（我感到越来越平衡，越来越像自己。我不喜欢因拒绝这些要求而产生的焦虑，但是无原则地答应所有请求也是不可能的。我更不喜欢“贪多嚼不烂”的感觉，不喜欢不自觉地做事，以及与他人没有联结和机械的感觉。）

我： 看，我爱自己的工作，但是当我允许你来支配我时，我对自己做的事越来越不开心。我没有留意到实用和有意思之间的区别。我不是食言。我正在觉醒。我正在做出自己的选择。

（我听到一群椋鸟在我窗外的金合欢树上鸣叫。它们的叫声清晰而鲜活。我以前从来没有注意过它们。我怎么会错过呢？我感到平静，感谢椋鸟引起我的注意。不久之后，我看到我面前的三个人变了模样。他们变成了一个人，我以前梦到过的心爱的人。我们都没有说话，却感到心意相通。我们就这样待了一段时间。）

这个例子向我们展示了一个短小、没有得到解决的梦中场景是怎样被转化扩充成一次积极想象的。她发现这个梦可以又快又直接地被运用！通过与梦中三个人的会面，请他们与她交谈，她有效地在这个梦离开的地方将它重启。但是这个梦在那里呈现出一种新的元素，因为她在其中加入了自己的意识。她参与其中，开始有意识地扮演角色，而不再仅仅是站在一旁观看。

尽管她已经知道她想和谁说话，但是邀请的发出仍然存在一些困难：最初，这些梦中人物不愿意说话。但是她一直与他们待在一起，让他们知道她愿意聆听和交流，她消除了他们的不满，使对话得以进行。

在听完上述的几个例子之后，也请你找到勇气走进自己的梦中，把它们作为向无意识发出邀请的起点。请运用这种方法延续你自己的梦，直到你取得进步，获得意识——那是属于你的。

第十六章　第二步：对话和体验

你已经向无意识发出了邀请；意象也已经浮现在你的想象中。现在，你已经做好准备开始对话了。

对话从很大程度上讲是让自己沉浸在想象中，让想象自由涌动。我们可以跟从各种各样的法则，但是这其中一定包含推动这种体验的向前发展。这一点比任何一点都更重要，它让内在人物拥有自己的生命。

在实践过程中，你可以说任何话，做任何事，只要它们出现在你的脑海中，同时你感到它们是适当并符合道德标准的。如果一个出现在想象中的人物最初似乎无话可说，你可以通过询问他或她是谁开始交流。问问这个人想要什么，想谈些什么，想做些什么。提问的方式好过演说或发表声明，因为你想要展现的基本态度是“乐于聆听”。

如果一个内在人物做了什么，把它写下来；然后根据你自己的反应说话或做事。通常一个内在人物会试图让你做点什么，带你去某个地方，开始一段道路或旅程。如果你觉得这没有什么不对，那么就这样去做，记录下沿途发生的事。如果你觉得跟随这个人是错误的，或者你不喜欢这个内在人物所建议的活动或事情，你也有权利说不。你有权拒绝并陈述自己的理由。在这种情况下，这个冲突通常会引发激烈的争论，在这个内在人物和你认为你想做的——或不想做的，或你不赞同的，或你害怕的事情之间。所有这一切都是积极想象的绝佳内容：对话已经开始，自我的不同部分正在彼此学习。

如果你发现一个内在人物不愿说话，最好能够“推他一把”。如果你遇上了一位腼腆不善言辞的客人，你可以主动发起交流：提问或表达你的感受。如果你害怕出现的这个人，把这种感受说出来。如果这个人让你想起曾经有过的经历，或做过的梦，或你在现实世界中认识的人，讲给他听。

也许表达感受是最快最深入地进入对话的方式。当你表达自己的感觉，并邀请你的内在人物也这样做时，交流通常会非常直接。这是因为感受与价值观的联系最为紧密：我们热爱或欣赏的是谁或什么，我们害怕的是什么，我们认为不诚实或不合理的是什么，我们对自己及他人的渴望又是什么。我们发现，价值观是我们生命的主要动力。

照实写下发生的所有事和说过的所有话非常重要。写可以避免你在从思维边缘悄悄爬出来的被动幻想中打转。它将帮助你更好地集中精神，进行更深的体验。书写把体验更生动地铭刻在你的意识中。

与一个意象对话

为了进行一次真正的积极想象，紧跟开始时出现的那个意象是很有必要的，待在那个场景中，直到找到某种解决办法。一旦某人遇见一个特别的意象，或开始与它对话，那么继续待在那里是很重要的，不要让自己为了其他意象和幻想内容分心，即使这些意象和幻想会跳入你的脑海，与积极想象展开竞争。

如果你让自己的思维在意象和场景中跳来跳去，你只会让自己陷入一系列无意义的开始和结束中，它们起不到任何作用。如果你的自我真正与内在人物在一起，与他们交流，那么你与最初出现的人物会有一个持续的、连贯的体验。当你的思绪在意象和片段间跳来跳去时，不要只是被动地坐着。

积极想象是一次完整的体验，有开始、中间和结束。和梦一样，它通常会提出一个问题，然后与问题及对这个问题的不同看法进行交流，最后找到冲突或事件的解决方法。这个过程可能在一次积极想象中就能完成，也可能需要很多次，要花上几天甚至几年的时间。

你可以在我们已经提到过的例子中看到这种情况。首先让我们看看那个女人和她内心的日本艺术家之间的对话。在那次对话中，你很容易就能辨别出问题所在，从一开始就可以。随后他们进行了一次长谈，在这次交谈中，备选方案被列举出来，它们很可能成为问题的解决方案。这不是她与日本艺术家进行的最后一次谈话。但是仅仅在这一次想象中，我们已经找到了根本问题的解决方法。

相反，让我们再想想另一个例子。在这个例子中，一个男人开始了一段神话般的旅程，去帮助处于困境中的女王。在第一次积极想象中，问题被提了出来：邪恶势力正在这个国家横行，人们受到了伤害。无辜的女王受到了牵连。这个男人同他的向导一起启程后，他尽力治愈那个小女孩，这是他拯救这个国家的开始。但是他的冒险才刚刚开始，他还有很多事要做。事实上，这一特别的积极想象已经持续了好几年。

加入你的情感

积极想象的精髓在于全情投入。我们说过积极想象与被动幻想的区别，所有这一切在这一阶段至关重要。作为一个完整的伙伴加入进来很重要。你可能会提出建议、传授知识、提问、争论、反对——两人在完全平等的交流中进行着这一切。

最关键的一点是表达你的情感，让你的情感参与进来。你必须感到这是真实的，事情的确是这样——虽然它是在心中，而不是在现实世界中。如果你与之分离，或仅仅觉得它不过是幻想罢了，你只是站在安全的距离之外注视着它，那么这种体验就不会真实。如果你不能真正地让自己内心的情感参与，它就不是真正的积极想象。

梦到两个男性人物的那个女人就是很好的例子，她梦见的那两个人与自己的丈夫和弟弟相似，对她不加理睬。当她在积极想象中看到他们时，她心中有什么样的感受呢？她火冒三丈，她备感受伤，她愤愤不平——她的确体验到了所有这些情绪。她的情感和情绪始终贯穿在与这两个人交流的过程中。最终，他们回应的，也正是她的情感。

我们可以通过出现的情感反应，来判断此人进行的是不是真正的积极想象。如果人们通常应该对想象中的场景感到愤怒、恐惧或兴高采烈，但是他没有这些情绪出现，那么，我知道这个人脱离了这个过程，只是在远远地观望，并没有真正地参与，没有认真地对待积极想象。

你必须全情投入。然而，有一条界线是我们不应该越过的。我们不应该偏离参与的轨迹，将它变成“控制”。在积极想象中，我们不能对内在人物和发生的事情进行严密的控制。我们应当让想象自由涌现，让体验发展，而不是去试图预先决定将要发生的事、将要说的话和将要进行的动作。

有时候，我们很难看到全情投入和试图控制之间的区别。你可以将你与外部人物的对话进行一个精妙的类比。当你与某人交谈时，出于礼貌和尊重，你会给予其他人“同等的时间”。我们不会去主导对话；我们不会只顾自己发表观点，不给他或她表达观点的机会。当你与内心世界的居民对话时，规则是一样的：礼貌、克制、尊重。

有时，你内在人物的话会听起来愚蠢、未开化、荒谬。或者，它违反常规，将你彻底激怒。但是，你还是必须听它说。试着放下控制权，哪怕就一次。不要试图让内在人物符合你自我的标准，看起来聪明或明智，让它们以本来面目示人。

放弃控制意味着放弃你对即将发生的事、说的话及表达的信息和意义的预测。事实上，在这个阶段，你完全不应该想它到底意味着什么，因为这会使你试图精心安排这次体验，让正确的“信息”出现。我们应当克制住把自我的期望强加在这个过程之中。我们应当放弃“理应如此”的心态，相反，让想象——情感、冲突，还有实际上真正生活在我们心中的人格——自由地流淌。

学会倾听

积极想象最重要的一点是倾听的过程。

不是所有你与内在人物之间的对话和互动都要通过语言。有些积极想象完全通过行动，通过看和做进行。它仍然是一次对话，却是不使用语言的对话。然而，通常情况下，还是言语性对话更多一些。不管使用的是哪一种对话，我们都必须学会倾听。

通常我们只体验到自己的一部分，它们以意象的形式，作为敌人——作为惰性阻力的载体、神经症、无价值的恶习、不成熟的状态——出现在我们的想象中。自我就是这样看待它们的。但是现在，如果我们想要消除这场习惯性的、贯穿一生的战争，代之以交流，那么我们不得不开始倾听。

多年以来，我们一直对这部分自己视而不见，把它们当作我们人格中微不足道的特点。我们发现，当我们最终倾听时，他们有一些非常不令人愉快的事要告诉我们。如果某个内在人物对我说，一直以来我都是一个暴君，我是怎样把自己的自我态度硬塞给无意识时，请不必感到惊讶。

你必须心甘情愿地说："你是谁？你想要说什么？我愿意倾听你的话。如果你愿意，这一小时的时间都是你的，你想怎么说就怎么说。我会在这儿听着。"

对于我们大多数人来说，这需要一种能够战胜一切困难的新态度。如果你在自己身上看到某种缺点、某种不足之处、某种对于行之有效的生活的巨大障碍，那么你不得不停止接近那部分作为“坏人”的自己。但是这一次，在积极想象中，你必须尝试倾听那个“卑微”的存在，仿佛他或她是智慧之声。如果我们的抑郁或缺点以拟人化的形象出现，我们要尊重它们，把它们当作全我的一部分。

面对自己的卑微感、罪恶感及悔恨感是一件可怕又恐怖的事。把这部分你放在证人席上，然后说：“你拥有一切权利。你是那个掌握我所不知道也不明白的证据的人。你可以说自己想说的话，想说多久就说多久。你将受到尊重和尊敬。你所说的一切都会被记录下来。正是这样，积极想象的真正力量才能发挥出来：我们一直不让他们说话，现在我们学着倾听他们的话。我们学着向我们以前一直不尊重的人表达敬意。

学会回答

在我们已经学会倾听后，我们同样必须学会回答——表达我们自己的信息、观点和价值观。

当人们第一次学着尊重无意识的声音，认真对待它时，常常会出现一种极端倾向，认为“自我一无所知”。人们倾向于把内在人物说的所有话都当作最终裁定。这是愚蠢和片面的，与我们先前只关注自我如出一辙。正如自我需要通过进入无意识平衡其观点一样，无意识也需要通过意识态度达到平衡。

请记住荣格的观察：他说自我与巨大无意识的关系就像微小的软木塞漂浮在海洋上一样。我们常常也有这样的感觉。我们感到自己像一个软木塞在生命的海洋中辗转反侧，任凭大风大浪摆布，被推来拉去。我们似乎无能为力。

荣格继续进行着令人吃惊的类比：从道德层面上说，软木塞与海洋是平等的，因为它也具有意识力！虽然自我很渺小，但是它具有特殊的感知力量，我们称之为意识。这种特殊的、浓缩的力量占据着一个位置，与看似无穷丰富的无意识同样必要，同样强大，同样有价值。这个小小的软木塞有自己的观点，能够引起海洋的回响，没有它，一个人的意识就得不到发展。自我可以回答，这使得对话在平等的基础上进行。

自我的意识能力给它力量、权力甚至是义务，让它在平等的条件下与伟大的无意识角力，从而产生一种综合的价值观。

不操控

积极想象第二步中最重要的规则之一就是你永远不要使用提前准备好的脚本。事情发生之前你不会知道将要发生什么。

你也许知道你对某事的感受；你也许了解你不得不对内在人物说的话；你也许明白当你进入自己的想象时，你寻找的人是谁。但是你不会知道另一个人会说什么，直到他或她把话说出来。你不知道内在人物要做什么，直到他们采取行动。你有权利呼唤你的阿尼玛、阿尼姆斯或你的阴影，但是你没有权利安排他们说什么话，也没有权利在他们出现时支配他们。

最妙不可言的是，积极想象是生命中的一个惊喜，是意想不到的事。我们不去安排，也没有脚本。我们只是让它发生，然后愿意出现的事情会自然而然地出现。不管从无意识中自发流淌出来的是什么，我们都不要去操控，不要去引导或控制，它们都是积极想象的内容。

我们需要清楚地知道这一点，因为现在存在着许多理论，尽管它们与积极想象完全不同，但我们还是可能会将它们混为一谈。它们与积极想象最主要的区别在于，它们有一个准备好的脚本，所有事情都是事先决定好的。

这些理论有时候被称作“意象引导”“创造性想象”或其他。它们的共同点在于一切都是事先安排好的。你事先决定好你的想象中会发生什么。自我决定无意识中出现的内容，并准备一个脚本。这种观点是为无意识“编程”，以便它能够完成自我想让它做的事。

在一种理论中，运用意象的全部目的在于得到自己想要的东西。你闭上眼睛，想象你想要的新车或新工作或乡村房子的形象，你运用形象化的力量获得这些东西。在另一种理论中，你试图通过自我成像对自己持有一种更好的态度。你把自己想象成自己想要的样子——苗条、迷人、高效、有能力或其他。通过自我成像，某人试图变成理想化的人物，自我决定了这个理想化的人物该是怎样的。

这些成像方式的问题在于所有的一切决定都是由自我做出的。无意识被看作一种愚蠢的动物，没有自己的观点，没有可贡献的智慧。这种交流只是为了训练无意识听命于自我。自我的决定也许是正确的，但问题是在做决定的过程中人们完全忽视了无意识的意见。

积极想象从一开始就对无意识持一种完全不同的观点。我们坚信无意识拥有自己的智慧、自己的观点，而且它们与自我的智慧和观点一样合理、一样现实。积极想象的目的不是为无意识“编程”，而是去倾听它的声音。如果你真的去倾听，反过来，无意识也会倾听你的声音。

如果你已经决定完成某个重大计划，而发现无意识不愿意做这件事，你的反应不应该是试图将无意识“编程”，让它赞同你的观点。相反，你应该进入无意识，找出是谁制造了这种停滞、反对或抑郁，并找出原因。如果你这样做了，你会吃惊地发现无意识常常有很好的理由来反对你的这些计划和目标。

也许，你正陷入一次很大的自我膨胀或困扰中，尝试获得某种事实上不可能获得的东西。你的无意识可能会反对，并努力使你恢复理智，以便让你把自己的计划调整到一个物力和能力能承受的范围内。或者，你的计划会对你的家庭、你的婚姻、你的恋情或友谊带来永久性的伤害；无意识也许会向你的身体发出警告，让你感到抑郁或无能为力，以阻止你背离原来的思路，摧毁自己生活中某些重要的东西。

积极想象发端于一个原则，你必须尊重无意识，意识到它将做出一些重大的贡献。因此，对话必须在两个智力相当的对手之间进行，他们对彼此都怀有敬意。让其中一个去“编程”另一个可不对。

这就是为什么在积极想象中没有脚本。你不用遵循一个已经安排好的过程。你不用去说服遇到的人。你不用事先决定目标。你也不用设立好一个目的，然后努力操控无意识去迎合它。

在历史上，意象引导有过合理和很好的运用。荣格多年前曾在瑞士做过一系列演讲，在这些演讲中，他展示了积极想象与意象引导之间的差别。

比如，你在意象引导中进入“苦路”。你就在那里，在你的想象之中。你闻到灰尘、汗水和鲜血的味道。你听到人们嘲弄的声音。你看到荆棘王冠、十字架和血流满地。你感觉到尖石就在你的脚下，当你随着人群走向受难地（Golgotha）时，太阳直射在你身上。

对于那些采用罗耀拉冥想的人来说，通过这种方式，基督的事件变得非常生动，嗅觉、感觉、触觉、伤害，它们成了实际的即时体验。如果这种意象引导真正地达到了你的宗教目的，那么它是很好的。它所驱动的主要是中世纪的思维模式，但是这种思维模式仍然存在于我们心中，我们可以向它表达敬意。

但是荣格说，如果我们能够进行积极想象，走自己的“苦路”，并找出在我们自己独特的自我中拥有什么，对我们来说会更好。除了我们自己心中存在的事实，没有人，也没有什么事能够预先决定。它不会被权威和传统预先决定。你也许会发现自己走在一条古老的石路上，或者，你发现自己走在一艘游艇的甲板上，如果那就是你内心之路带你去向的地方。你可以确定一件事：最终每条路都是“苦路”，因为它将带我们进入每个人都必须经历的事件和冲突中，有时会很痛苦又充满英雄精神，有时会有牺牲，这是进入意识领域的必经之路。

如果你的理念够现代，你必须找到你自己的途径，走自己的路。这条路既让人害怕又令人愉快。没有人能够告诉你这条路的情况，因为这不是一条预先设定好的路，它是一条独特的路——你的路，只要你诚实地走下去，它就会和其他路一样合法。

如果你意识到你的路只是一条路——许多路中的一条，却是独特的，与其他人的路完全不同，你生命中许多不真实的孤独就会蒸发。这条路源于你自己的天性，是与生俱来，而不是后天造就的，它等待着你去发现。

对于我们每个人来说，这条路是孤独的，因为最终我们必须独自行走。没有人能够告诉我们它最终将通往何方，也没有人能够代劳。

如果你愿意这样走下去，积极想象是你正确的选择。

第十七章　第三步：加入道德限制

迄今为止，我们已经学习了怎样向无意识中的人物发出邀请，以及怎样与他们开始对话。但这还不够。我们还必须选择一个道德立场。作为有意识的人类存在，我们有义务在这个过程中引入道德元素。

一旦想象开始，一旦原始本能的力量被邀请后现身，被人们看到，我们便不得不设定一些限制。意识自我，被道德感指引，它必须设定一些限制，以避免想象过程变得残忍，或具有破坏性，或走向极端。

荣格大胆地认为人性在创造中扮演了一个特别的角色：就其最高意义而言，它贡献了意识行动和道德观点。我们被一个神奇而美好的世界包围，但是它的力量是无道德可言的。与我们不同，它们不关心人类价值观中的公正、公平、保护弱小、为同伴谋利及保持完整的实际生活结构等。只有人类才不得不把这些价值观带入我们周围的世界。鉴于从我们积极想象中冒出的生物通常是自然力量天性的人格化，所以只有我们才能把道德的、人道的和实践的元素带入积极想象中。

荣格同样也观察到，如果在人类的感知中没有道德性的冲突，就不会有意识的发展。意识与道德冲突息息相关：我们开始觉知到冲突中的价值观、态度和选择之路，它们向我们敞开，我们必须做出符合道德标准的选择。

所有这些原理在积极想象中都有迹可循。当内在人物呈现他们自身，当不同的态度和可能性浮出表面，我们将不可避免地要选择一个道德立场，以便在有冲突的价值观中取得平衡。

人们还会犯这样的严重错误：认为只要对意象有一些了解，停在这里就足够了。想要深入了解它们必须把它们转化成道德准则。否则它们会成为权力原则的牺牲品，并产生危险的影响。这些影响不但对其他人，甚至对被认知的对象来说都是毁灭性的。无意识中的意象赋予人以巨大的责任。如果一个人不能理解它们，或逃避道德责任，他将不再完整，他的生活也将变成痛苦的碎片。（Jung，*Memories*，*Dreams*，*Reflections*， p.192）

荣格描述了一个年轻人，他梦见女朋友掉进了一个冰冷的湖中，在水中淹死了。荣格说，事实上，这个年轻人不能只是坐视不理，让命运的冷酷力量杀死自己的内在女性。他建议这个年轻人进行积极想象，想办法把她从水里拉出来，为她点燃一团火，帮她找一些干衣服，挽救她的生命。这一行为是符合伦理道德的，是人道的。自我有义务对内心世界的生灵负起责任，就像我们有义务在现实世界为他人谋福利一样。它关系我们自己——内在自我——岌岌可危的健康状况。

我记得在一个案例中，一个内在原型人物想要完全控制一个女人的生活，以牺牲她的女性天性为代价。这个女人与我一起分析，她的积极想象几乎都与一个非常强大和智慧的男性人物有关。他为她带来好消息，提供杰出的洞见，但是同时他也试图说服她不去理会她作为女性的本能。他正在试图越来越多地接管她的生活，牺牲她的本质特征。

有一天，她正在进行积极想象，这时他忽然对她说："把你的钱包和钥匙给我。从现在开始，我将接管它们。"在她的想象中，她照他的话做了。她交出了自己的钱包和钥匙。

当她把这段话读给我听的时候，我一下子站了起来，说："你真不该把钱包和钥匙给他！这象征着他对你所有的资源和生活的完全控制。如果你这样做了，你将放弃你应该扮演的角色，把你的全部意识移交给自己的一部分。不管他看起来有多睿智或多'正确'，你都不能那样做。只有你能够管理你自己的生活，你不能把这个角色移交给其他任何人。

"现在，你不得不重新做一次：回去告诉他，你要把钱包和钥匙拿回来。告诉他你会听他说话，尊重他，考虑他的意见——

但是你不能把你的整个生活都交给他。告诉他，你需要自己思考，自己做决定。”

在我爆发之后，这个女人照我的建议做了。她回到积极想象中，向这个强大的男性人物解释了情况。他理解这个原则；他同意了；他马上把钱包和钥匙还给了她。

不幸的是，大约一年之后，在她中止了分析后，这个女人的确把她自己完全交给了她的权力欲望。她让这个男性存在的权力面完全接管了她的内心世界。她开始自命不凡。她以为自己是万事通，说教每一个人，试图控制一切。

这是一个例子，告诉你当你允许自己自命不凡，被一种原型控制，失去自我的独立地位时，将会出现的情况。怎样把这种选择变成一个道德问题呢？当你让自己的一部分接管和控制你所有的本能和价值观时，这从根本上说是毁灭性的。不可避免地，你的行为和对他人的态度将会失衡。

我们的“道德标准”一词，我们道德行为的概念，都源自希腊语，意为“恰当的举止”。这个词来源于希腊语中的“ethos”一词，这很有启发性，因为这个词的意思是一个人或人们的“本质特征和精神”。因此，从最深的意义上说，“道德标准”表示根据个体的真实内在特点产生的个人标准行为。

道德标准是关于统一和一致的原则。那些按照道德标准采取行动的人都会努力让自己的行为符合自己的价值观。如果一个人的行为与他的本质特征很不一致，这通常反映出他人格的破碎。正如荣格所说：“逃避道德责任的人……他将不再完整，他的生活也将变成痛苦的碎片。”

根据我们迄今为止所说的内容，我们可以总结出三个具体的元素，它们都涉及积极想象的道德方面：

首先，如果你要加入道德元素，你就要坚持采取与自己性格和最深层价值观一致的态度和行为。

其次，道德平衡要求我们不能让一种原型或部分自己接管、牺牲其他的原型或部分。我们不能为了一个狭隘的冲动和目标而牺牲根本的价值观。

再次，我们必须滋养和保持特别的人类价值观，它们服务于人类生活，让现实的日常生活得以继续，让我们人类关系保持活力。

集体无意识的力量如此之大，有时我们会忽然被一股原始的能量清除殆尽。这股能量占据了意识——快速地奔向本能目标，不理会它对人们日常生活或你周围人的影响。

不可避免地，一个强大的人物将出现在你的积极想象中，群集了原始的权力欲望。他可能会言词激烈地建议你放下所有顾虑，因为这些顾虑阻碍了你，让你得不到自己想要的东西。他可能会建议你不理会义务和责任，因为它们“拖了你的后腿”。这些观点通常让你不能真实地评价自己，想要在工作中控制一切，用专横的态度对待家人和朋友，用这样或那样的方式让每个人都对你言听计从。

当这种幻想产生时，你会确信只要你简单地向周围的每个人发号施令，斥责阻碍或反对你的人，做自己想做的事，你就能够解决所有冲突，处理好所有事情。

这些极端认识很有吸引力，因为它们的确存在着某些真实性——局部真理。我们都有软肋，在这些地方，不管是对我们自己还是对我们周围的人，我们都不能够表达立场。如果我们意志薄弱，如果我们任由自己的冲动摆布，在平常的生活矛盾中越陷越深，那么这是无意识对我们发出的呐喊，召唤我们去另一个极端。我们坚信这样的幻想，认为只要单纯、清晰地拥有权力和意志，采取行动，就能够解决所有的问题。但是如果我们按表面意思相信了这个信息，试图用它原始、未经发展的形式采取行动，我们就会做出和匈奴王阿提拉（Attila）一样的傻事。我们留给自己的将是一条毁灭之路。

正是这个时候，你的道德价值感必须被纳入考虑。否则，你将会走向毁灭——最终的自我毁灭，走向极端。你的生命将会变成一片荒漠，丧失人类的价值观或人类关系。

自我的重要任务是反驳，为诸如公正和承诺这样的人类价值观代言。自我必须问：“这种极端会对我的日常生活产生怎样的影响？”自我必须找到方法驯服和教化这些没有人情味的无意识力量，改变它们无法抗拒的、有时非人道的天性。

如果一种态度在你的无意识中呼喊，它将会毁灭你的现实存在，伤害你与家人之间的关系，在工作中为你制造麻烦，或让你陷入与所有人的权力斗争中，那么你有权利也有义务进行反驳，提出符合道德标准的选择。

你可以说："看，这里的一些人类价值观对我来说非常重要。我不想放弃它们。我不想放弃我与家人和朋友的爱与关系。我不想追求把每个人和每件事都排斥在外的理想化目标。"

我们已经知道对话必须是平等的。这意味着我们不但要尊重在积极想象中与我们说话的原型，还必须考虑我们自己。从道德层面上来说，这就是保持平等，并因此能够采取一种道德立场——去反驳，获得地位，使之成为一次真正的对话。我们不应该去支配，也不应该让自己被支配。

自我层面道德感的关键需要源于无意识本身的属性。从某种意义上说，无意识是非道德的：无意识关心的是实现和表达心灵世界强大的、非个人的主题。集体无意识中的每种原型、每种力量，与自然界中的其他力量一样，在道德上都是中立的。它不能对它所做的和它的需求施加伦理和道德限制。只有人类意识能够将其他应该保留的价值观、对内心需求和内心声音的限制纳入考虑范围。只有这样，我们才能获得平衡，生命才能继续而不致消亡。

原型，与所有被压抑的本能力量的原始丛林一道闯入了意识。与自然界的野生动物一样，它们不会留意人类思想中的公正、公平或道德。它们在离本能更接近的地方发挥作用：它们关心的是天性得到满足、发展和实现，将所有的原型主题具体纳入人类生活。但是到底那是怎样实现的，它会带来多少破坏，在这个过程中其他哪些价值观可能会被践踏——对于这些事，原始的原型不知道该怎样去关心。

我们可以把原始原型比喻成丛林中的狮子：当我们把它们看作野生动物时，它们是高贵的化身。但是它们同样也是自然界中的非人类力量，遵循着自然界的非人类的和非道德的法则，无法体验到人类的同情、友好，无法识别受害者、爱或公平的感觉。

许多造就完整人类性格的原型表现为纯粹、原始的本能，如狩猎、求生、侵犯、抢占领土等。如果我们能为它们加上人类价值观、爱和道德责任，它们将是美妙的力量。但如果让它们控制我们，却不带有其他的人类情感，它们将让我们退化为纯粹的动物。

从某种程度上说，积极想象中出现的每个人物都是真理和智慧的化身。通常，每个人物都带来了我们迫切需要的智慧，以补偿自我的单一性，以及我对生活的习惯看法。但是一个内在人物对一种纯粹的原型越是认同，他越是有可能持有一种极端的观点，表现得也越是极端，越远离正常人性和常识。

因此，当我们“揭开”无意识的盖子时，我们每个人的关键任务是独立而清醒地思考。我们必须仔细地倾听浮夸、诱人和戏剧性的内心呼喊声背后的真相。我们必须把这个真相提炼成更文明、更人道、更包容的东西——不必烧成灰烬就能够整合进入人类的日常生活。而且，面对这个真相时，你必须找到属于你自己的道德立场。

第十八章　第四步：举行仪式

具体化积极想象意味着为它提供一种实际的特征，使它不再抽象，不再难以捉摸，并把它与你的现实、世俗生活相联系。

从很大程度上说，积极想象的第四步与释梦的第四步相同。这绝非偶然。这是一个普遍原则，每当你以一种形式进行内在工作，并顿悟或解决问题时，你都应该做一些事让它变得更具体。无论你是进行身体的仪式，还是做一些事，都是要把它整合到你的现实生活中去。

鉴于我们已经在释梦中讨论过这一步骤了，我在这里将不再赘述。你可以重新阅读前面有关仪式的章节，回顾一下其中提到的例子，并把它们运用到你的积极想象中。

关于积极想象中的第四步，有一点非常重要：你不应该“表演”。在心理学术语中，从根本上说，“表演”的意思是抓住我们内心的、主观的冲突和冲动，并努力通过身体将它们呈现出来。

在极端的临床情况下，表演可能采取暴力形式，指向自己或他人。但是在日常生活中，大多数人采取的表演方式都是温和的，甚至不会引人注意。比如，一个男人陷入可怕的内心冲突，他不知道自己应该怎么办，因此他冲他的妻子发火，并试图通过与她打架的方式解决这个问题。

积极想象为解决这种问题提供了机会，因为它制造出许多幻想内容。假如这个男人不太小心，当他在积极想象的过程中和他的阿尼 玛争吵，那他事后会马上与他的妻子陷入同样的争端。他会试图把想象照搬到现实世界中。

在第四个步骤中，具体化你的想象而不是照搬你的幻想。相反，它意味着你应该把握你在其中悟到的精髓——意义、洞见或你从这次体验中得到的基本原理，通过身体仪式或将它整合到实际生活中把它具体化。如果你不能区分这两者之间的差别，你可能会遇到麻烦，造成危害。你不应当把积极想象的第四步当作表演幻想的通行证，按照其字面的意思和原始的形式。

当这种原则以极端的形式出现时，我们很容易看到它是多么真实。比如，假设我正在进行积极想象，我看到自己身处古代，正用一把剑与敌人搏斗。这场战事在我的心中也许有据可循，但显然我不能拿起一把剑指着让我生气的人，我不能以此来具体化这个想象。如果积极想象的主题与日常情况更接近，我们要找出其中的区别会更困难，我们表演这一幻想的诱惑也会更大。

因此，我强调，我们不应该把现实生活中实际人物的意象用在积极想象中。你的头脑中不应该出现配偶、朋友或工作中的同事的意象，并且在想象中开始与这个人说话。如果你这样做了，你会处于一种极大的无意识压力之下，当你再次遇见这个人时，你会把这次积极想象当成生活中发生的事。你会不知不觉地混淆想象和外部实际生活。其他人不明白你做的事，也不能听懂你说的话：毕竟，他们没有读过脚本。

当一个熟人的意象出现在你的想象中时，你应该做的事是中断或变换这一意象。你甚至可以将这作为你对话的一部分。你可以说："看，我不知道为什么，但是你看起来和我办公室里那个让我发疯的家伙简直一模一样。因为我知道你只是我心中的一种能量系统，所以请你换一个样子。我不想把自己内心的人和外部的人混淆了。"如果你这样做了，内在人物总是会配合，并改变他或她的模样。这样你就能够开始对话，清楚地意识到与你谈话的是自己的一部分，而不是现实生活中的人。

我们认为，利用现实生活中熟人的意象进行积极想象是一个坏主意还有另一个原因。这就是过去常常被人们称为"魔法"的东西。根据经验，我们清楚地知道我们在无意识层面做的事会传递给我们周围的人，会不知不觉地对他们产生影响。就算实际上我们并不在他们身边，我们在幻想和想象中做的事，他们也能通过集体无意识感知到。

因此，当你使用像积极想象这样强大的工具，并把所有无意识能量集中在一个特定的人的意象上时，这个人会受到影响。就算你没有恶意，结果也不是你能支配和控制的：你不能预测这些影响究竟是什么。这个人也许会隐约感到一种莫名的压力，并开始以不同的方式对待你，连他自己也不知道为什么。

鉴于同样的原因，你也不应该总是去幻想某一个人。除了被动幻想百无一用，这样做还会给他人、给你自己以及给你的人际关系造成很坏的影响。如果我们不自觉地反复强烈地幻想一个现实人物，我们可能会愤怒，并因此幻想着责备他或她。我们也许会心满意足地重温这些讽刺的话，我们会说这些话去羞辱他。或者，我们陷入爱情之中，整天沉浸在自己的思想里，满脑子幻想着怎么去追求自己爱的人，事情会变成怎样，以及以后我们会过上怎样一种让人激动又热情的梦幻生活。

首先，和积极想象一样，如果你总是在头脑中不停地想着一个现实生活中的人，这将不可避免地会通过无意识对此人产生影响。其次，沉溺于幻想对你没有好处，因为这锁定了你对待另一个人的模式。连续重复地幻想、用特定的方式去看待这个人，以某种方式做出自动的反应，这会限制你。这种自动的条件反射可能完全不适合客观事物和外部情况。

因此，如果你对某个现实中的人物有强烈的内心情感，不管它们是好是坏，你最好能进行内在工作，以找出你心里发生的主观事件。然后，如果你有什么话需要对这个人说，你最好能够直接与他对话——以常识和礼貌为向导。不要使用那个人的意象，沉迷于积极想象或幻想流中。最重要的是，不要把你的想象照搬到现实生活中。

积极想象的第四步是一把双刃剑。它是必需的，但是它不应该被滥用，否则它将弊大于利。在这个阶段，我们需要动用我们所有的智慧和常识。我们必须身体力行，但是我们不能表演，也不能将积极想象的内容投射到现实生活中的人身上，或鲁莽又苛刻地对待他人。

最后，第四个步骤不能独立于第三步，它也必须加入道德元素。你的道德感必须设定限制，成为你所有行为的向导。

第十九章　积极想象的阶段

一旦你开始在生活中运用积极想象，你会惊讶于它的需求范围之广。有时，你可以用它来帮助你解决日常生活中的问题，如把孩子送到哪所学校读书或怎样花钱。有时，你可能会开启一次一直藏在你心中的神话之旅。

我发现虽然积极想象内容繁多，但根据它的用途，可以分为三个阶段：

1. 讨价还价；

2. 拥抱无意识。

3. 接纳异象体验。

讨价还价，正如我对它的称呼一样，适用于最实用的个人阶段。当你需要与你的内在人格谈判，需要做些妥协和权衡，使现实生活能够正常运行时，就会用到此种用途。也许你觉得把积极想象的这一用途称为“讨价还价”听起来不够体面，但这一活动本身就是如此：这是与某人的内在部分厚颜无耻的交易过程，只有这样才可能与他们达成某种协议，生活才能继续。

在拥抱无意识阶段，我们主动挖掘无意识中未发掘的那部分自己，这样我们就能把它们整合到意识的运作中来。在这个阶段，我们努力了解内在未知的那部分自己。我们前面举出的大多数例子都是关于这个阶段的。它是积极想象的基本功能，也是大部分人进行积极想象的目的。

在接纳异象体验阶段，某人会深入体验伟大的原型。积极想象被视为一种视觉幻象，会产生宗教顿悟。这不是积极想象的一般形式，但许多人都曾有过这种体验，因此我们在此了解它的存在是有好处的。

讨价还价

讨价还价是积极想象最实用、最接地气的用途。当你开始意识到你由许多部分组成，每个部分都有它自己的需求、它自己的生活方式，都想参与到你的意识生活中时，讨价还价就开始了。当你真切地看到这一点，你就会开始意识到许多看似“不能解决”的冲突——这些冲突在日常生活中激怒你——实际上只是你的不同部分在争论。它们碰巧对事情的看法不一致。

有时，当在你心中争执的双方不能达成共识时，当你不能超越冲突时，你就会开始进行内在的谈判。你不得不找出某种方法达成妥协。

有时候，人们不愿采用积极想象的这一方法。一部分你想完成自己的工作，另一部分你却想着每天去参加舞会，人们觉得用这种高级技术在这两者之间达成妥协太恶劣也太世俗了。但是事实是，我们有时只有通过进行一些善意的、诚实的讨价还价才可以让自己高效运转。至少它让你的不同部分有了交流，而之前它们从未交谈过。最终，这种交流带来了整合。

当我刚刚成为分析治疗师时，我常常不得不在晚上工作。我的许多病人白天都要上班，只有晚上或周末才能来。这种作息时间不算坏，因为我白天可以休息，但是因为某种原因，我对此痛恨不已。我的某个内在部分习惯了晚上的时间都是我自己的——拜访朋友、社交、听音乐、享受私人生活。

这部分孩子气的我怒不可遏、无意识，因此，不理智的怨恨进入了我的现实生活。我不能理智地对待我的病人。我差点忘记了预约。当一个人的无意识对自我持彻底的反对态度时，这样的事情就会发生。

我把这个问题带入积极想象之中。我寻找到底是我的哪个部分对自己的工作安排如此愤怒。出现的意象是一个被宠坏的青年。我和他进行了一次长谈。

他说："不！我不想在晚上工作。那是情感时间。那是玩乐时间。那是我自己的时间。那个时间不是用来工作的，那是不能更改的！"

我一再解释，说："看看吧：我们不得不谋生；我们不得不挣钱，否则我们两人都要风餐露宿。因为我们的事业才刚刚起步，我们的病人只有晚上和周末才有空。这是实际的需要。我们不得不这样做。"

最初，他并不让步。我说："看吧，我们不得不付房租。"

他说："我才不管什么该死的房租呢！我只想快乐。这才是我要做的。"

我说："但是我的确在意房租的事。"

他说："这太难了。你自己去操心吧。"

我说："如果你破坏一切，让我成天喜怒无常，抱怨不止，那么我就没法工作，没法挣钱。我的病人也会受到影响。我丢三落四。我走错地方。"所有这一切都是真的。我的生活处于混乱之中，因为有很大一部分我都在反对我的工作。

最后我掐住这个家伙的脖子——当然，是在我的想象中——把他推到墙边，说："你必须得听我的，否则我们都要有大麻烦。现在，你提你的条件如何？"

然后，我们开始了下面的讨价还价：在病人离开之后，每天晚上十点我们会开车出去兜风，吃大餐，每周带他去看几次电影。如果我这样做，他就会在其他时间放过我，让我与我的病人一道安心工作。几个月过去了，我们一直都是这样做的。只要我带他出去吃大餐，时不时带他去看电影，他就会很开心，让我好好工作。如果某一天我有事耽误了，没能带他出去吃饭，这个青年就会在第二天变得不可理喻。他会让我在工作时充满怨恨、丢三落四。你也许很难相信这个人物对我的情绪和生活有如此巨大的影响。但是他的确是这样。

许多年以后，我才承认我被逼无奈与自我放纵的内在小孩进行了这样一次恶劣的、斤斤计较的暗中交易。我觉得自己像浮士德一样，与恶魔达成了协定。但是反过来，我开始尊重斗争双方的这些对话、谈判和这些妥协。就某些方面而言，它们与人类的相关程度很高。它们保持了人类生活的原样。有时候它们会带来一种前所未有的深刻意识，因为它是人性的、世俗的、直接的。

拥抱无意识

积极想象的大多数方法都旨在接近无意识，通过让意象浮出表面，使它们意识化，与它们和解，减少其自主性带来的负面影响。

我们已经提及几种这样的方法。这些原理包括：清空自我意识，与自发出现的无意识内容对话；使梦在积极想象中延续；在想象中与梦中人物对话；将幻想转化为想象；将情绪、情感和信仰系统拟人化；在积极想象中展开神话之旅。

在这一部分里，我将着重讲另外两种绝佳的方法，它们可能会在积极想象的第二个阶段发挥作用。我把第一种方法叫作“环绕耶利戈之墙”。第二种叫“活出未活出来的自己”。

耶利戈之墙

这种方法背后的原理被我称作“耶利戈之墙”。如果我们把它看作一个象征，那么它包含了一个精妙的原型原理——找到方法接近我们内心看似不可解决的冲突。

在这个精彩的传说中，人们遇到了一个坚不可摧的堡垒。这个部落所掌握的技术完全不能攻破或攀越它的城墙。但是他们有一个惯例：他们必须举行一个简单的仪式，日日如此，在耶利戈的城墙下行军。他们没有直接攻击，因为这不可能成功。最后，在这些仪式性的行军、号角声和呼喊积累了一定时日之后，事情发生了：城墙崩塌了。

我们的内在生活常常就像一段一段的旅程，从一个耶利戈到另一个耶利戈。我们不断地遇到内心的障碍，它们像堡垒，周围的城墙固若金汤。有时候，我们把它们称作“自主情结”，因为这些情结完全不受意识的影响，也不为意识所了解。我们只能通过它们在生活和情绪中造成的破坏才能了解到它们。我们大多数人都在生命的某个阶段体验过足以粉碎我们的冲突，这些冲突似乎无法解决。我们不能找到前进之路，也找不到立足之地以及解决问题的方法。

一个看起来很难的内在问题，此人不知从何着手，这正是内在耶利戈的例子。它就像无意中被城墙包围的城市，是不被意识洞悉的空白之地，此人甚至不能理解它，更谈不上处理它。你也许无望地爱上了一个不应该爱的人。或者你有一种无法打破的习惯和模式，它一直破坏你的健康、工作或人际关系。问题出在我们心中，但是我们无法理解，不能着手处理，也不能找到一种直接的方法接近它。

在这种情况下，耶利戈之墙的故事便成了心理过程的象征性处方。尽力找出这个冲突是什么，询问的焦点又在哪里，然后围绕着那个自主情结，全方位地观察，通过仪式性的内在工作向内注入心理能量，像耶利戈的故事一样，围着它绕圈，直到最后城墙崩塌。

你可以采用任何形式围着耶利戈绕圈，只要你把自己的能量集中在城墙围住的内心城市上，举行仪式。通过将意象带入思维中，与它们谈话可以把冲突拟人化。邀请城里的人，找出他们是谁，为什么要与你作对。

环绕耶利戈墙这一技术在积极想象中特别有用，但是这种技术实际上是一种综合物：它的主旨是让每种形式的内在工作和你所了解的每一种方法都派上用场。一个人可以使用可能会产生杠杆效应的技术，把能量集中在自主情结上。他应该一直坚持，直到最后穿透情结和意识之间的障碍。这样我们就把幻想从头脑中拉出来处理，把它们当作内心深处事件的象征来分析。如果这与一个梦有关，那么你可以释梦；然后通过积极想象来延续这个梦，再看看它将去向何方。

比如，假设你发现自己情绪低落，而且这种情况困扰你已经有好几天了。你不明白为什么，不知道它打哪里来，而且发现自己拿身边无辜的人出气。那么这种情绪低落就是你内心的耶利戈。

你怎样接近它呢？首先，将它拟人化。进到你的想象中，寻找可以代表情绪低落的人物和意象。现在，开始绕着耶利戈的城墙行走。与你的低落谈话，绕着它行走，全方位观察它。与积极想象中出现的人物谈话，看看他们会就这种低落告诉你什么。它是什么？它来自哪里？通常低落是膨胀的平衡。但是它要平衡的是什么样的膨胀呢？它们知道些什么？也许他们中的一个会承认自己就是你心中那个低落的人，而且可以相当详细地告诉你他或她为何低落。

除了积极想象，我们也关注幻想和梦。我们写下每一个梦中的意象、每一个幻想的意象以及每一个出现在我们头脑中的观点，它们似乎都与内心的耶利戈有关。最重要的，我们一直都在寻找内在人物，日复一日，与他们交谈。你倾诉情感，询问消息，请求获得指引。你主动提出牺牲膨胀、自负或不切实际的理想，而低落正是它们的补偿。

总有一天你会进行积极想象。也许那一天不会发生什么大事，但是你已经完成了仪式性的绕行：你已经把你的意识能量注入了情结之中。第二天，关于这一主题的强烈幻想可能就会出现。把它写下来，分析它，像你进行释梦一样；运用象征努力地理解无意识中发生的事。第二天晚上，你也许会做梦。鉴于你正往内在的耶利戈投入大量的能量，你可以猜测这个梦很有可能与这一主题有关，因此那天你绕着耶利戈之墙的行走也包括释梦。也许这个梦会提供一个令人吃惊的观点，告诉你这个耶利戈的本来面目。

每一天，通过不同的方式，你绕着自主情结的城墙行走。最后，城墙会崩塌，你将看到里面是什么，你可以对此做些什么。

“能量的积累”这一原理在这里发挥了作用。某人不断地投入能量，将意识能量注入内心情结中，直到最后将它击破：戈尔迪之结被打开，看似坚不可摧的城墙被攻破。情结最终被意识渗透。他走进被城墙包围的城市，找出生活在这里的那部分自己，发现它为什么会挑起战争。

在这个奇妙的过程中，我们不能期望立刻就有效果。有时候的确会出现吹糠见米的情况，但是请记住，你面对的是你自己的一部分，而这部分自己一直被完全地封闭起来，与意识彻底隔绝，也许好些年了。这个过程需要时间，我们不得不坚持下去。

“七”象征着一个完整的内在时间周期，意识的完全发展所需要的内在时间。你的耶利戈体验也需要七个内在时间单位——你需要这些时间让你的耶利戈向真正的意识开放。在现实生活中，这个时间可能是七天、七周、七个月，甚至七年。

有一件事你可以肯定：如果你开始采取行动，每天绕着城墙转圈，最终你一定会找到解决的办法。你不必被动忍受。你可以做些有益的事。你可以寻求你内心力量的帮助，你可以开始绕城行走。神奇的是，你所需要做的事只是行走。不管你感到这有多么愚蠢，也不管你面对内在情结时是多么无力和无能，你只需要投入能量，举行仪式，结果就会出现。你一直走呀走，走呀走，然后城墙就会崩塌。

结果通常会比你预期的来得快。我曾经看到过人们带着英雄般的勇气开始这种注意力高度集中的技术，下定决心奋斗二十年——如果必要的话——来克服这个无法解决的问题，却发现在经过三天或四天的艰苦努力后，它就得到了解决。

但是其他的耶利戈也许会更困难。它们被深深地埋藏在无意识之中。从某种程度上说，它们是“人生的难题”，已经伴随我们多年，是我们成长所必需的。它们让我们遭罪，但是反过来它们也让我们成熟，让我们实现个性化。

对于这些“人生难题”来说，环绕耶利戈之墙是切实的解决办法。如果你把那些让你特别难受的事拟人化，让它成为你的“耶利戈”，并在积极想象中绕着那个耶利戈行走，你将逐步把自己的问题发展为意识和成长的源头。你会知道，我们的一些问题和阻碍是我们最真诚的朋友——伤害变成了治疗的源泉。

活出未活出来的自己

积极想象最广的用途是让我们体验被忘却的那部分自己。

我们都是原型、能量和潜力的丰富混合体。我们心中的一些可能性还从未被实现，因为我们觉得它们看起来很“坏”或很低级。自我会把它不能理解的所有东西归为“坏的”一类。自然而然地，我们会避开心中让我们感到不舒服的东西。但是如果能找到办法克服自我的偏见，我们会惊奇地发现一些被忘却或被压抑的品质正是我们所拥有的最好力量。

也许，我们所有人都有如此多“未活出来的生活”，因为我们的人生不够长，我们没有足够的时间来体验所有潜在的人格、能力、职业和人际关系。

我们一直都在做选择。一个男人可能感到他有成为钢琴演奏家的天赋，但他同时也具有商业方面的才能，并且他发现自己在公司中努力往上爬，围绕商业世界组织自己的生活，以此养家。与此同时，他心中的艺术家成了一种潜在的可能，他没有时间活出这部分自己。

同样，一个选择做生意的女人也许忽然清醒过来，几年之后，意识到自己的某一部分一直渴望做一名家庭主妇，待在家里和孩子在一起，或者，她会发现自己的一部分想要选择一种宗教生活，修女的生活或隐居的冥想生活。

在积极想象中，我们可以走进没有活出来的那部分自己，用有意义的方式体验它们。在象征层面上体验多种生活是可能的，而且比起在现实生活中过这些生活，这种方式常常会让没有活出来的那部分自己更满意。大自然似乎不在意我们怎样实现自己身上的这些可能性。如果它们能在现实中被实现，很好，只要它是一种意识体验就行了。如果我们在心中实施，把它当作象征性的体验，它常常会走得更深，强度更大，产生的意识也更多。

一个人就算活上十次也没有足够的时间和所有他爱的人结婚，完成所有他喜欢的工作和兴趣爱好，或者实现他所有的潜在人格。但是，如果我们忽视这些没有实现的可能性，它们就会生气。它们将以笨拙的方式展现自己的实力。我们可以坐着怀念“事情本可以是这样”的感觉。或者，我们也可以感到痛苦，指责运气太坏或责备他人，因为我们没有机会成为英雄，变得富有或有名。

不管另一种生活是怎样的，你都可以好好地过这种生活，只要你心满意足地把它当作一种内在体验。在梦和想象中，你可以过上那种没有实现的生活；你可以发现，如果选择了另一条路，这种感觉会是怎样。你可以在积极想象中体验它的好处和坏处。很可能你会发现它并不比你现在过的生活更精彩。但是这种体验是很重要的，因为全我中的所有主要能量都需要通过某种有意识的方法活出来。

我认识一个宗教修为很高的人。虽然他从来没有做过教堂里的牧师，实际上他却过着修士一样的生活。他一直没有结婚，过着隐居的生活，整日祈祷、沉思，在内心世界中冥想。同时，他在自己的拉丁大家族中发挥着重要的作用：他为他们祈福，当他们需要来自内心世界的智慧时，他们也总会向他求助。

几年之前，这个人身上发生了一件让人称奇的事。一天晚上，他梦见自己生活在意大利。他有一个性感诱人的妻子和一大群孩子，他们一起生活在一个小村庄里。梦本身并没有什么可奇怪的，但是第二天晚上，他又做了同样的梦，接着，日复一日、周复一周地持续了好几个月。

每天晚上，他回到梦中的同一个村庄，回到他的妻子和孩子身边，尽职地扮演着丈夫和父亲的角色。他爱他的妻子，与她并肩作战，照顾孩子，努力工作养活他们。他外出工作，回家时背着一大包食物，喂养他饥饿的孩子。他与一个女人一起生活，与她一道养育孩子，他体验了作为一个父亲的所有的快乐和辛酸。这个梦一直继续着，每晚如是，持续了差不多一年的时间。这一年浓缩了二十年的家庭生活！

白天，这个人是安静、幽闭的单身汉，生活在加利福尼亚。晚上，他生活在他的意大利村庄里，说着意大利语，打他的孩子，努力工作支付账单，在花园里种花，向他的妻子表达爱意，与她争吵，和邻居打架，跟家人一起去做弥撒，带他们外出郊游。这种拖家带口的艰难家庭生活使他每天早上醒来时筋疲力尽。

这个人渐渐地习惯了他作为父亲的生活，渴望每天晚上都能看到自己的孩子，进行新的冒险。然而，忽然有一天，他的意大利村庄生活结束了，他做了下面的梦：

我再一次如此努力地工作，努力照顾自己的家人。我正在清理一座古建筑里的碎石，这是一间房子或一面古墙，几百年前它就已经坍塌了。这个建筑物由石头和泥土搭建而成，在很久远的时代就坍塌了。

在我工作时，我发现在石头下面有一丛非常古老的蔷薇花。许多年来，它一直被压在落下的石头下面，看起来已经死了，甚至已经石化了。我好像知道这是一种古老的蔷薇，在这个村庄形成之前就已经生长在这片土地上了。它代表了我家人和这个村庄的生命力、生命的承诺和世代的传承。

我莫名地感觉到它并没有死。我虔诚地将它挖出来，带回我的花园里。我的花园四四方方，被院墙包围着，有着摩尔式的建筑风格。我在花园的正中央为蔷薇花丛腾出一块地方。所有人，包括我的妻子和孩子，都嘲笑我，说我就是一个爱幻想的堂·吉诃德。他们说这株蔷薇被压在碎石下好几百年了，不可能还活着。但是我坚信它还活着，并坚持把它种了下来。

我仔细地准备了土壤，把蔷薇种在土里，盖好土浇上水。时间似乎在慢慢过去。接着我看到蔷薇花在我眼前又重新焕发了生机。它长出绿叶，接着一朵完美的红蔷薇出现了。

这个精彩的结局告诉我们，当这个人在意大利村庄里过着他未曾实现的生活时，有一件东西一直处于危险之中。那就是自性，他存在的完整性。蔷薇是自性原型的象征，在拉丁教堂中与圣母和基督都有关联。自性是古老的蔷薇，在某人生命的中心绽放。这个人所绽放的，正是这种原始的内在统一。在他个人的灵魂中，通过生活在古老的村庄里，他以一个古老居家男人的身份，把他自己所有分裂的部分联结在一起。

正如你所看到的，这个人身上有两种非常强大的能量。一种驱力使他成为隐士，陷入沉思中。另一种驱力是成为一个健壮、活跃的人，有妻儿，与生活做着斗争。白天，在醒着的世界里，他展现出本性中的一面，而晚上，在梦中的世界，他又完整地展现出自己的另一面。蔷薇，出现在他最后的一个梦中，告诉他晚上的居家男人生活实际上是另一种沉思的方式，是另一条通往最高意识的道路。

通过积极想象，未被活出来的生活也可以同样完整，同样完美。

我曾经住过一幢房子，它在悬崖边上，俯瞰大海，人们可以顺着台阶来到海滩上。每天早上，我穿上大衣系上领带，开车去往圣地亚哥的办公室。我的生活很不错——排队等候的病人、一间漂亮的房子、一群好朋友。我应当心满意足了——至少我是这样认为的。

但是在路上，幻想从我意识的边缘莫名其妙地潜入了我的头脑中。我站在我房子的外面，看到一个“冲浪者”从这里经过。冲浪者们带着冲浪板，整天流连于海滩上，大半夜还和“冲浪女孩”一起坐在篝火旁。他们喝啤酒，抽大麻，而且据我所知，他们从来没有穿过大衣打过领带，不曾工作过，也不必担心账单和其他任何事情。

幻想忽然出现在我的头脑中，不请自来：“如果我在工作中言行失检，我会被踢出教堂，做不了心理医生，这样我就可以成为快乐、不用负责任的人，像我看到的那些家伙一样，整天在海滩上游荡。”

我试图把幻想赶出脑海：这似乎太蠢太傻了——而且，好吧，太不知悔改了——不可以当真。但是不同的版本不断地重复出现在我的脑子里。因此，我最后得出结论，我无意识中的某个部分想得到认可，于是我开始把它看作我积极想象的一部分。我的积极想象有两种形式：一部分它在我心中与“冲浪者”对话，另一部分它到海滩上，与那些年轻人一起游荡，与他们一起坐在篝火旁，参加他们的派对，和他们一起冲浪、游泳，除了玩什么也不做。

我与内在“冲浪者”的对话大致如下：

冲浪者：看吧，你过着穿大衣打领带的生活。你事业有成。你做讲演，受人尊重，你能挣钱。你有一栋海景房。但是你不如我快乐。

罗伯特：好吧，也许是这样。

冲浪者：现在你看看所有这些整天待在海滩上的少男少女。私底下，你嫉妒他们。他们被太阳晒得黝黑，他们过着完全感性、肉欲的生活。他们不必担心收支平衡。他们很快乐。他们是真正快乐的人。

这时候，我受人尊重的世界、我的专业领域、我的大衣领带，开始在我的想象中分崩离析。对话继续——情况变得更糟了：

冲浪者：现在，看吧，吸点大麻，不要管你的抵押贷款，你会被赶出你的豪宅，这样你就可以来海滩和我们在一起，快乐地过日子了。你可以通宵达旦地待在海滩上，依靠他人的资助生活。而且我会教你怎样贩毒挣钱；你可以像我们一样快乐！

这里你可以看到我们通常不愿意看到自己这些可能性的原因。这时候，我开始反驳：

罗伯特：但是我喜欢我海边的房子。我喜欢来看我的客人。他们在早上醒来，海浪拍打着海滩，这太美了。我不想放弃。我也喜欢自己的工作，我喜欢看发生在人们身上的事，他们认真对待咨询，意识水平也得到了真正的提高。我喜欢看到人们因为认识到内心世界而激动不已。因此，虽然我的工作也许有时会让我透不过气来，但是我可以借由它体验很崇高美好的东西。

冲浪者：但是病人不会让你感到不舒服和厌倦吗？责任不会让你不舒服和厌倦吗？总是倾听他人的抱怨不会让你厌

倦吗?

罗伯特：有时候的确会。但是这里面也会有真实和珍贵的东西在，我不应该毁了它。我想脚踏实地地生活。我喜欢银行里有存款，可以帮助困境中的朋友，或者知道我不必为下一餐而担心。我想靠我自己。我不想依赖他人生活，或骗取食物和住所。

我想，历史学家汤因比会说，在这里，再一次地，两种西欧的大原型，正在我个体灵魂的原始层面交战：一个是安居乐业的地主和市民，落地生根，追求生活保障，在稳定的社区中生活；另一个是流浪者，虽然没有行走在蒙古大草原上，却在加利福尼亚的索拉纳海滩漫步，一直徘徊，生活在篝火旁，拒绝在某一地方安定下来，不愿意工作，不肯承担责任。

我已经触及了自己心中很深的东西。一部分我想要超越大衣领带世界之外的生活。我在这个内在的冲浪者面前汗流浃背。我局促不安。我心惊胆战。我感到自己真的会变成我暗暗想成为的“流浪汉”。这是真正的积极想象。当你真正联结自己的某一部分时，你会感到它是一种威胁，它很危险。你膝盖发抖。你汗如雨下，浑身战栗。但你是安全的，因为所有这一切都发生在受到控制的积极想象中。你可以冒险尝试你不敢做的事，直面在其他情况下可能会致命的事。

这次积极想象的结局是我与内心中的“冲浪者”握手言和。我不必犯罪，不必被排斥在上流社会之外。我也不必辱骂“社会体制”，拍卖我的房子，或疏远我的朋友。但是我的确需要看到我心中藏着一种未活出来的“生活”，等待着我在某个合适的层面将它实现。“最适合”的层面，便是在积极想象中。但是从那之后，我也发现了其他事物出现在我外部现实生活中。我知道如果我休息几天，去一个朋友位于安萨玻里哥沙漠公园的小屋里待上一阵子，我心中的冲浪者会非常高兴。我喜欢晒太阳，徜徉在仙人掌和土狼群之中。比起在海滩上混迹于流浪者中，我发现自己身处更真实、更快乐的狄俄尼索斯的世界中。

当我前往印度时，让我快乐的同样也是我心中的狄俄尼索斯感性的流浪特性。我生活在一个真实的世界中——充满阳光、美景、声音，感觉到与我所热爱的人紧密相连：几年前，当我在积极想象中寻找内在的“冲浪者”时，我便触及了这种更高级、更完整的潜力。如果你也寻找自己内在的“冲浪者”或“流浪汉”，让他们有机会好好活一次，最后你会发现这个家伙实际上是一个“僧侣”（sunyasin），一个乔装打扮流落街头行乞的圣人。而流浪漂泊实际上是朝圣之路。

不管你是谁，我们的自我生活只是体系的一部分，它的背后还有大量未曾活出来的生活。不论你做过什么，不管你去过何处，或者不论你经历过什么，总有更多的可能性等着你去发现。

接纳异象体验

积极想象的第三个阶段和人们平常所说的“异象”极为相似。要论述这个阶段很困难。如果我们过多地运用心理学或分析，就会错过这种体验的真正力量和意义。但是当我们运用诗歌和宗教的语言来描述它时，就很可能把关于“异象”的流行揣测和心灵体验混为一谈。

中世纪的神秘主义者认为异象体验是合一异象（unitive vision）在某人意识中的喷发。一种意象或一系列事件通过想象占据某人的头脑，这种力量让某人真正了解和体验到自性的统一。此人在短时间内瞥见真正的合一、美好和生命的意义。

当这些体验来临时，它们总会带来强烈的冲击。在以后的几天或一段时间内，启示的强烈程度也许会减弱，此人也许会退行到与人争执的状态，沉湎于人生的小事中，但是这些异象体验的记忆会在深层作用于无意识态度。或早或晚，它会带来前所未有的信仰，一种以前所没有的有关生命意义的认识。

这种体验是可遇不可求的：如果你把它看作技艺去追求，你会寄希望于制造“精神上的”体验，把它当作自我的扩张。

或者，你会被带入神秘主义中，偏离意识，只为了追求刺激和新奇而寻找此类体验。

你最好只是低调地完成你的内在工作。当你工作到位，投入足够多的能量给无意识时，而且，如果它是适当的，异象体验就会不期而至。如果它没有来，那只意味着你不需要它。这不是一场争夺最高“荣誉”的战争。但是鉴于这种体验的确常常出现在经常进行内在工作的人心中，我们最好能够知道它，而且在它出现时能够从容应付。

在你最不经意的时候，积极想象的这一阶段才会真正出现。你可能正走在一条平常的街道上，然后突然发现这条街、这些建筑物、你周围人都忽然变成了一种自发的异象。在你的异象中，你可能正看到“街头生活”、每个个体向你揭示着生命永恒的流动。人行道和建筑物并没有发生实质上的变化，但是积极想象在意识层面喷薄而出，制造出一种与现实环境不一样的异象。它们变成了超越和永恒的代表。

我的一位病人早上开车去上班，行驶在高速路上，这时，太阳正从东方升起。忽然，他进入到这种体验之中。太阳变成了一个太阳轮，辐条从中心发散出去，无数的生命形式、人类事务与活动也诞生了。他的注意力完全被眼前的这个太阳轮占据，他不得不把车停在路边，直到积极想象结束，能够再次回到现实生活中。他知道，当他看向这个太阳轮时，他生命中所有分裂的元素，他周围所有乱七八糟的东西，从同一个源头中流了出来，又回到那里。那个时候，他看到只有合一，看到了在世间万物中只有合一。

你也许会说这些事像毫无意义的老生常谈、故弄玄虚的陈词滥调。但是当这一真相不自觉地从无意识深处浮现出来，当某人把它看作无意识制造的意象时，他就会感觉到它的真实。你不再需要道听途说，也不再需要向他人努力证明。时不时地，你会从自己的体验中了解到它。

这也许就是异象体验的意义精髓，它实际上是积极想象的中心：它是在自己的体验中学习深刻的人生真理的方法。这些人生真理不能通过语言在人们之间传递，某人只能通过自己与集体无意识的联结才能真正地理解它们。从这种意义上说，我们只有在无意识层面才能学到我们已知的内容。

克尔凯郭尔就曾阐述过这一原理。他说，没有人能够给他人带来信仰。他的意思是说，再多的教学、再多的语言、再悦耳的警句、再合理的论点，都不能传递产生信仰的体验。有些知识和信仰只能来源于体验。我们不得不看向自己内心深处来寻找它们，因为它们不能在别人的体验中被再度体验。我们每个人都必须直接找到源头。

当异象不是被当作内心想象的一个事件来体验，而认为它是发生在外部世界的现实事件时，误解就会产生。这是原始人类普遍的体验，以及过去几个世纪对“异象”的传统理解。人们认为一些来自外界的灵魂和生物出现在他们面前。他们体验着这些意象，好像它们是自己身体之外的拟物存有。

事实上，异象体验是想象体验的一种形式，是从无意识中涌现出来的另一些意象。这些意象不仅会投射在内在意识上，而且它还会强烈地投射到外部世界，仿佛它是实际发生的事，“就在那里”。

在进行了几次积极想象之后，如果你体验到这种异象，你就会看到它与你的积极想象和梦之间有许多共同点，你会因此得出结论，这是一种积极想象的体验。在这个体验之中，意象以一种显而易见的客观方式呈现在你的面前。

异象体验的另一种形式被称为“内心感知的异象”。某人体验到同样生动、强大的意象，但是感知到它是发生在内心中的，在想象的层面上。你知道你正在用“心灵之眼”观察它们，观察你的内心。你不会感到迷惑，因为你不会错认为自己看到的是外界实际生活中的事件。

我的梦中曾经出现过一只狮子，之后，我在积极想象中体验了我内在的狮子。这便是这种形式的一个例子。最后，想象的行为变成了异象。然而，我知道所有这一切都发生在我的心中。但同样，它是如此直观，这个生物出现时的感觉是如此的强烈，这个意象的力量是如此的强大，以至于它看起来就是一只现实中存在的生物。

我很难想到应该对这个异象做些什么。我想答案存在于这一体验本身：不要对它采取任何行动。不要试图把它转化为“实用”的东西，或者能被你的自我所理解的东西。注视、体验、待在那里，仅此而已。

一个人的某个部分也许会问：“但是它不应该改变什么吗？它不应该有所作为吗？它有实际用处吗？”我们不必在实际层面论证异象体验。但是鉴于生活所有的面向都会回到同一个现实中，所以我们最终会知道它们会对人产生现实的影响。它们的确会改变我们。它们造就了我们的深层性格。它们决定了在体验之后的五年、十年或二十年后，我们会成为怎样的人，那时，它所有的力量都浮出了表面，在我们的生活中发挥着作用。然后，这种了不起的力量将会转化成小事，转化成日常的行为、态度和平凡人生中我们每天做出的选择。